Lutz Krauss|Frank Soesters

Privatrecht

INTENSIVTRAINING

Der günstige Preis dieses Buches wurde durch großzügige Unterstützung der

MLP Finanzdienstleistungen AG Heidelberg

ermöglicht, die sich seit vielen Jahren als Partner der Studierenden der Wirtschaftswissenschaften versteht.

Als führender unabhängiger Anbieter von Finanzdienstleistungen für akademische Berufsgruppen fühlt sich MLP Studierenden besonders verbunden. Deshalb ist es MLP ein Anliegen, Studenten mit dem MLP-REPETITORIUM Informationen zur Verfügung zu stellen, die ihnen für Studium und Examen großen Nutzen bieten, der sich schnell in Erfolg umsetzen lässt.

MLP-REPETITORIUM

Lutz Krauss | Frank Soesters

Privatrecht

INTENSIVTRAINING

Repetitorium Wirtschaftswissenschaften
Herausgeber: Volker Drosse | Ulrich Vossebein

DR. LUTZ KRAUSS ist Rechtsanwalt mit den Schwerpunkten Handels-, Gesellschafts-, Vertrags- und Immobilienrecht und Mitgesellschafter einer Wirtschaftsprüfungs- und Steuerberatungskanzlei.

DR. FRANK SOESTERS ist auf zivilrechtlichem Gebiet tätig und hat sich intensiv mit den Änderungen des BGB auf Grund der Schuldrechtsreform beschäftigt.

Bibliografische Information Der Deutschen Bibliothek
Die Deutsche Bibliothek verzeichnet diese Publikation in der Deutschen Nationalbibliografie; detaillierte bibliografische Daten sind im Internet über <http://dnb.ddb.de> abrufbar.

Dieser Ausgabe liegt ein Post-it® Beileger der Firma 3M Deutschland GmbH bei.
Wir bitten unsere Leserinnen und Leser um Beachtung.

1. Auflage Oktober 2005

Alle Rechte vorbehalten
© Betriebswirtschaftlicher Verlag Dr. Th. Gabler/GWV Fachverlage GmbH, Wiesbaden 2005
Der Gabler Verlag ist ein Unternehmen von Springer Science+Business Media.
www.gabler.de

Das Werk einschließlich aller seiner Teile ist urheberrechtlich geschützt. Jede Verwertung außerhalb der engen Grenzen des Urheberrechtsgesetzes ist ohne Zustimmung des Verlags unzulässig und strafbar. Das gilt insbesondere für Vervielfältigungen, Übersetzungen, Mikroverfilmungen und die Einspeicherung und Verarbeitung in elektronischen Systemen.

Die Wiedergabe von Gebrauchsnamen, Handelsnamen, Warenbezeichnungen usw. in diesem Werk berechtigt auch ohne besondere Kennzeichnung nicht zu der Annahme, dass solche Namen im Sinne der Warenzeichen- und Markenschutz-Gesetzgebung als frei zu betrachten wären und daher von jedermann benutzt werden dürften.

Gedruckt auf säurefreiem und chlorfrei gebleichtem Papier

Lektorat Jutta Hauser-Fahr / Walburga Himmel
Umschlagkonzeption independent, München

ISBN-13: 978-3-409-12623-6   e-ISBN-13: 978-3-322-89497-7
DOI: 10.1007/978-3-322-89497-7

Vorwort zum Repetitorium Privatrecht

Das Repetitorium Privatrecht richtet sich an Dozenten und insbesondere Studenten der Wirtschaftswissenschaften, des Wirtschaftsingenieurwesens und anderer Studiengänge mit wirtschaftswissenschaftlichen Inhalten an Universitäten, Fachhochschulen und Akademien. Es ist gleichermaßen zum Selbststudium für Praktiker geeignet, die auf der Suche nach einem fundierten theoretischen Hintergrund für ihre Entscheidungen in den Unternehmen sind.

In allen Bänden des Repetitoriums wird besonderer Wert auf Beispiele, Übersichten und Übungsaufgaben gelegt, die die Erarbeitung des jeweiligen Lernstoffes erleichtern und das Gelernte festigen sollen. Zur Sicherung des Lernerfolges dienen auch die zahlreichen Tipps zur Lösung der Aufgaben, die vor einem Vergleich der eigenen Lösung mit der Musterlösung eingesehen werden sollten. Sie enthalten einerseits die Resultate der Musterlösungen und zum anderen Hinweise zum Lösungsweg.

Das Repetitorium richtet sich nicht an Dozenten und Studenten der Rechtswissenschaften, es soll vielmehr Studenten und Angehörigen anderer Wissenschaften einen gerafften Überblick über Rechtssystematik und Inhalt des Rechts auf den Gebieten des bürgerlichen Rechts und maßgeblichen Teilen des Wirtschaftsrechts geben.
Insofern erhebt das Repetitorium keinen Anspruch auf Vollständigkeit.
Aus diesem Grund sind die Autoren dankbar für Anregungen hinsichtlich weiterer inhaltlicher und didaktischer Verbesserungen sowie Ergänzungen.
Die Herausgeber

Volker Drosse   Ulrich Vossebein

Inhaltsverzeichnis

Abkürzungen.. XIII
1. **Einführung**... 1
   1.1 Das Privat- und Wirtschaftsrecht als Teil der
        Gesamtrechtsordnung.. 1
   1.2 Rechtsquellen des Privatrechts.. 2
   1.3 Grundprinzipien des Privatrechts..................................... 2
2. **Bürgerliches Gesetzbuch**... 4
   2.1 Aufbau und Grundbegriffe des BGB 4
   2.2 Grundformen des Rechtsgeschäftes 5
        2.2.1 Willenserklärungen 6
        2.2.2 Typen von Rechtsgeschäften 7
        2.2.3 Verpflichtungs- und Verfügungsgeschäft 7
        2.2.4 Rechts- und Geschäftsfähigkeit 8
        2.2.5 Mängel beim Abschluss von Rechtsgeschäften....9
        2.2.6 Grenzen und Schranken des Rechtsgeschäfts...... 9
        2.2.7 Allgemeine Geschäftsbedingungen 10
   2.3 Auslegungsmethoden... 11
   2.4 Vertragsabschluss.. 14
        2.4.1 Angebot und Annahme 14
        2.4.2 Form des Vertragsabschlusses 15
        2.4.3 Inhalt des Vertrages... 17
        2.4.4 Vertretung bei Vertragsabschluss 17
        2.4.5 Nebenpflichten vor und nach Vertragsschluss.. 18
   2.5 Kaufvertrag.. 19
        2.5.1 Rechte und Pflichten des Verkäufers............... 20
        2.5.2 Rechte und Pflichten des Käufers 21
        2.5.3 Sachmängelhaftung... 23
   2.6 Werkvertrag... 25
   2.7 Dienstvertrag... 27
   2.8 Grundzüge des Schadensersatzrechts............................. 27
        2.8.1 Grundgedanke und Schadensbegriff................ 27
        2.8.2 Unmittelbarer und mittelbarer Schaden 28
        2.8.3 Nichterfüllungs- und Vertrauensschaden........ 29
        2.8.4 Kausalität... 30
        2.8.5 Schadensberechnung....................................... 30

		2.8.6	Verschulden und Mitverschulden........................... 30

- 2.9 Grundzüge des Bereicherungsrechts 31

Übungsaufgaben zum 2. Kapitel... 35

3. Handelsrecht..43
- 3.1 Überblick..43
- 3.2 Der Kaufmannsbegriff...44
  - 3.2.1 Kaufmann kraft Eintragung – Fiktivkaufmann............46
  - 3.2.2 Der nicht eingetragene Kaufmann (Scheinkaufmann)..46
  - 3.2.3 Formkaufmann..47
  - 3.2.4 Minderkaufmann...47
- 3.3 Handelsfirma..48
  - 3.3.1 Bildung der Firma...49
  - 3.3.2 Anmeldung und Eintragung der Firma 50
- 3.4 Das Handelsregister - sein Zweck und seine Wirkungen..51
  - 3.4.1 Sinn und Zweck des Handelsregisters...................... 52
  - 3.4.2 Form und Inhalt des Handelsregisters....................... 52
  - 3.4.3 Wirkungen der Eintragung..54
  - 3.4.4 Publizitätswirkung gemäß § 15 HGB 55
  - 3.4.5 Negative Publizität des Handelsregisters gemäß § 15 Abs. 1 HGB..55
- 3.5 Sonderformen der Kaufleute 56
  - 3.5.1 Der Scheinkaufmann...56
  - 3.5.2 Rechtsschein trotz Registereintragung......................57
- 3.6 Vertretung des Kaufmanns...58
  - 3.6.1 Der Kaufmann als Vertreter......................................58
  - 3.6.2 Vertretung des Kaufmanns durch Mitarbeiter 58
  - 3.6.3 Hilfspersonen des Kaufmanns 61
- 3.7 Begriff und Formen der Handelsgeschäfte 64
  - 3.7.1 Begriff des Handelsgeschäfts....................................64
  - 3.7.2 Handelsbrauch gemäß § 346 HGB 66
  - 3.7.3 Kaufmännisches Bestätigungsschreiben 67
  - 3.7.4 Erwerb vom Nichtberechtigten gemäß § 366 HGB...68
  - 3.7.5 Lastenfreier Eigentumserwerb nach HGB 68

3.8 Kontokorrent 69
3.9 Das kaufmännische Zurückbehaltungsrecht 71
    3.9.1 Sorgfalt des ordentlich handelnden Kaufmanns gemäß § 347 HGB 72
    3.9.2 Entgeltlichkeit kaufmännischen Handelns 72
    3.9.3 Leistungszeit 73
    3.9.4 Qualität der Leistung 73
3.10 Die besonderen Handelsgeschäfte 73
    3.10.1 Der Handelskauf 74
    3.10.2 Annahmeverzug des Käufers gemäß §§ 373, 374 HGB 75
    3.10.3 Der Spezifikationskauf gemäß § 375 HGB 76
    3.10.4 Der Fixhandelskauf 77
    3.10.5 Rügepflicht bei Qualitätsmängeln 78
    3.10.6 Untersuchungs- und Rügepflicht bei Falschlieferung oder Mengenfehlern 79
    3.10.7 Das Kommissionsgeschäft 79
    3.10.8 Das Speditionsgeschäft 81
    3.10.9 Das Lagergeschäft gemäß § 416 HGB 81
    3.10.10 Das Frachtgeschäft gemäß § 425 HGB 82
Übungsaufgaben zum 3. Kapitel 83
4. Gesellschaftsrecht 87
4.1 Begriff des Gesellschaftsrechts 87
4.2 Die Gesellschaftsformen 87
    4.2.1 Personengesellschaften 87
        4.2.1.1 Gesellschaft bürgerlichen Rechts 88
            4.2.1.1.1 Subjekt der Vertretung 88
            4.2.1.1.2 Vertreter 89
            4.2.1.1.3 Haftung 90
            4.2.1.1.4 Ansprüche gegen Dritte 91
            4.2.1.1.5 Rechtsverhältnis zwischen den Gesellschaftern 92
            4.2.1.1.6 Gesetzliche Bestimmungen 93
            4.2.1.1.7 Rechte und Pflichten der Gesellschafter 93

  4.2.1.1.8 Beschlussfassung............................97
  4.2.1.1.9 Gesellschaftsvermögen 99
  4.2.1.1.10 Gesellschafterwechsel und
       Tod eines Gesellschafters..............100
  4.2.1.1.11 Beendigung der Gesellschaft.........103
  4.2.1.1.12 Sonderform: Gesellschaft bürgerlichen Rechts mit beschränkter Haftung...104
 4.2.1.2 Offene Handelsgesellschaft 104
  4.2.1.2.1 Subjekt der Vertretung...................105
  4.2.1.2.2 Vertreter..105
  4.2.1.2.3 Haftung...107
  4.2.1.2.4 Ansprüche gegen Dritte..................110
  4.2.1.2.5 Rechtsverhältnis zwischen den Gesellschaftern................................111
  4.2.1.2.6 Rechte und Pflichten der Gesellschafter..................................111
  4.2.1.2.7 Beschlussfassung............................115
  4.2.1.2.8 Gesellschaftsvermögen 117
  4.2.1.2.9 Gesellschafterwechsel und Tod eines Gesellschafters 118
  4.2.1.2.10 Beendigung der Gesellschaft..........123
 4.2.1.3 Kommanditgesellschaft.................................124
  4.2.1.3.1 Subjekt der Vertretung 124
  4.2.1.3.2 Vertreter 125
  4.2.1.3.3 Haftung...125
  4.2.1.3.4 Ansprüche gegen Dritte..................128
  4.2.1.3.5 Rechtsverhältnis zwischen den Gesellschaftern...............................128
  4.2.1.3.6 Rechte und Pflichten der Gesellschafter..................................128
  4.2.1.3.7 Beitragszahlung, Kommandit- und Hafteinlage 129

		4.2.1.3.8	Beschlussfassung, Gesellschaftsvermögen, Gesellschafterwechsel und Tod eines Gesellschafters sowie Beendigung der Gesellschaft 129

4.2.2 Kapitalgesellschaften/Juristische Personen 130
    4.2.2.1 Gesellschaft mit beschränkter Haftung 131
        4.2.2.1.1 Gründung und Entstehung der GmbH 132
        4.2.2.1.2 Organe der Gesellschaft und ihre Bestellung 140
        4.2.2.1.3 Rechtsverhältnis zwischen den Gesellschaftern 142
        4.2.2.1.4 Pflichten der Geschäftsführer 142
        4.2.2.1.5 Gesellschafterversammlung 144
        4.2.2.1.6 Aufsichtsrat 145
        4.2.2.1.7 Einzahlung und Erhaltung des Stammkapitals 146
        4.2.2.1.8 Kapitalerhaltungsgrundsatz 147
        4.2.2.1.9 Auflösung und Kündigung der GmbH 148
    4.2.2.2 Aktiengesellschaft 149
        4.2.2.2.1 Gründung 149
        4.2.2.2.2 Organe 150
        4.2.2.2.3 Haftung 151
    4.2.2.3 Kommanditgesellschaft auf Aktien 152

4.2.3 Sonstige Gesellschaftsformen 153
    4.2.3.1 Verein 153
        4.2.3.1.1 Der nichtwirtschaftliche eingetragene Verein 153
        4.2.3.1.2 Der wirtschaftliche Verein 154
        4.2.3.1.3 Der nichtrechtsfähige Verein 155
    4.2.3.2 Genossenschaft 156
    4.2.3.3 Europäische wirtschaftliche Interessenvereinigung (EWIV) 158

	4.2.3.3.1	Entstehung der EWIV 158
	4.2.3.3.2	Gesellschaftsvertrag und Gesellschafter 159
	4.2.3.3.3	Gesellschaftszweck und Vertrag der EWIV 159
	4.2.3.3.4	Vertretung und Haftung der EWIV.. 160
	4.2.3.3.5	Rechte und Pflichten der Mitglieder 161
	4.2.3.3.6	Auflösung der Gesellschaft............ 162
4.2.3.4 Partnerschaftsgesellschaft.............................. 163		
	4.2.3.4.1	Gründung, Gesellschafter............... 163
	4.2.3.4.2	Gesellschafterwechsel, Beendigung der Gesellschaft......... 165
4.2.3.5 Innengesellschaften.. 165		
	4.2.3.5.1	BGB-Innengesellschaften 166
	4.2.3.5.2	Stille Gesellschaft.......................... 166

Übungsaufgaben zum 4. Kapitel... 169
Tipps zur Lösung der Übungsaufgaben 175
Musterlösungen zu den Übungsaufgaben 184
Literaturempfehlungen... 198
Stichwortverzeichnis.. 199

Abkürzungsverzeichnis

(Abkürzungen außer allgemein üblichen)

Abs.	Absatz
AFG	Arbeitsförderungsgesetz
AG	Aktiengesellschaft
AGB	Allgemeine Geschäftsbedingung(en)
AGBG	Gesetz zur Regelung des Rechts der Allgemeinen Geschäftsbedingungen
AktG	Aktiengesetz
Alt.	Alternative
ArbGG	Arbeitsgerichtsgesetz
Art.	Artikel
AÜG	Arbeitnehmerüberlassungsgesetz
BBiG	Berufsbildungsgesetz
BeschFG	Beschäftigungsförderungsgesetz
BetrVG	Betriebsverfassungsgesetz
BGB	Bürgerliches Gesetzbuch
BGH	Bundesgerichtshof
BUrlG	Bundesurlaubsgesetz
BVerfG	Bundesverfassungsgericht
CISG	Convention on Contracts for the International Sale of Goods
DPA	Deutsches Patentamt
EStG	Einkommensteuergesetz
EuGH	Europäischer Gerichtshof
EWGV	Vertrag über die EWG
EWIV	Europäische wirtschaftliche Interessenvereinigung
EWIV-VO	Verordnung über die EWIV
ff.	fortfolgende
FGG	Gesetz über die Angelegenheiten der freiwilligen Gerichtsbarkeit
GbR	Gesellschaft bürgerlichen Rechts
GebrMG	Gebrauchsmustergesetz
GeschmMG	Geschmacksmustergesetz
GG	Grundgesetz

GmbH	Gesellschaft mit beschränkter Haftung
GmbHG	Gesetz betreffend die Gesellschaft mit beschränkter Haftung
GVG	Gerichtsverfassungsgesetz
GWB	Gesetz gegen Wettbewerbsbeschränkungen
HGB	Handelsgesetzbuch
HS	Halbsatz
InsO	Insolvenzordnung
i. S. d.	im Sinne des
i. V. m.	in Verbindung mit
KG	Kommanditgesellschaft
KO / InsO	Konkurs / Insolvenzordnung
KSchG	Kündigungsschutzgesetz
MarkenG	Markengesetz
MarkenV	Markenverordnung
OHG	Offene Handelsgesellschaft
OLSchVO	Orderlagerscheinverordnung
OLG	Oberlandesgericht
PartGG	Partnerschaftsgesellschaftsgesetz
PatAnmV	Patentanmeldeverordnung
PatG	Patentgesetz
PatGebG	Patentgebührengesetz
RabattG	Rabattgesetz
S.	Satz
TVG	Tarifvertragsgesetz
UrhG	Urheberrechtsgesetz
UWG	Gesetz gegen den unlauteren Wettbewerb
VerbrKrG	Verbraucherkreditgesetz
ZPO	Zivilprozessordnung
ZugabeVO	Zugabeverordnung

1. Einführung

1.1 Das Privat- und Wirtschaftsrecht als Teil der Gesamtrechtsordnung

Wesentliche unternehmerische Entscheidungen sollten nicht nur betriebswirtschaftlich begründet werden, sondern bedürfen in einem Rechtsstaat der rechtlichen Reflexion. Das wirtschaftlich erhoffte Ziel muss sich in der Rechtswirklichkeit tatsächlich umsetzen lassen. Für den Ökonom ist in diesem Zusammenhang in erster Linie der Privatrechtsverkehr maßgeblich. Das Privatrecht ist der Teil der Rechtsordnung, der die Rechtsbeziehungen der Bürger untereinander regelt.

In einzelnen Bereichen der wirtschaftlichen Tätigkeit kommen anderen Rechtsgebieten zunehmend ebenfalls Bedeutung zu. Beispielsweise spielt nicht nur im Rahmen der zur Zeit zunehmenden Insolvenzen etwa das Strafrecht eine beachtliche Rolle. Für viele Unternehmen werden die Anforderungen des Umweltrechts und damit weite Teile des Öffentlichen Rechts, insbesondere die Verwaltungsgerichtsbarkeit zu Determinanten wirtschaftlicher Entscheidungen. Alle Rechtsbereiche werden vom Verfassungsrecht überlagert; Berufsfreiheit und Eigentumsgarantie garantieren heute wirtschaftlichen Bewegungsfreiraum.

Im Rahmen der anhaltenden europäischen Integration bestimmt das Europarecht mit seinen multinationalen Verträgen und Richtlinien, die zum Teil durch Transformation unmittelbar zum Bestandteil Deutschen Rechts werden, zunehmend das Verhalten vieler Unternehmen.

Sämtliche Rechtssätze, die Auswirkungen auf die Verhaltensweisen der am wirtschaftlichen Leben Beteiligten haben, werden regelmäßig unter dem Begriff des Wirtschaftsrechtes zusammengefasst.

Dieses Buch beschäftigt sich mit den rechtlichen Bereichen aus dem Privatrecht, mit denen sich der Ökonom täglich auseinandersetzen muss.

1.2 Rechtsquellen des Privatrechts

Das Privatrecht umfasst alle Rechtssätze des sog. Bürgerlichen Rechts (im wesentlichen im Bürgerlichen Gesetzbuch erfasst) und eine Vielzahl von sog. Sonderprivatrechten (Handelsrecht, Arbeitsrecht, Gesellschaftsrecht, Wettbewerbsrecht etc.).

Das Bürgerliche Recht gilt als Grundlage und Kernbereich des Privatrechts. Regeln der Rechts- und Geschäftsfähigkeit, über die Willenserklärungen, die Verjährung, die Vertragsauslegung sowie der Grundsatz von Treu und Glauben finden ihren Einfluss in vielen Sonderprivatrechten, die darüber hinaus häufig von einer ausgeprägten Rechtsprechung (z.B. im Arbeitsrecht), wie auch von Verhaltenskodexen (z.B. Handelsbräuche im Handelsrecht oder Gewohnheitsrechte) sowie vielerlei Einzelgesetze (z.B. im Gesellschafts- und Wettbewerbsrecht) geprägt sind.

Als ranghöchste Rechtsquelle wirkt das Grundgesetz über die Auslegung von einzelnen Normen auf die Beziehungen der Beteiligten mittelbar ein (sog. mittelbare Drittwirkung des Grundgesetzes).

1.3 Grundprinzipien des Privatrechts

Wesentliches Grundprinzip des Privatrechts ist die Privatautonomie. Sie wird im Bürgerlichen Gesetzbuch (nachfolgend nur noch kurz „BGB" genannt) nicht ausdrücklich geregelt, sondern vorausgesetzt. Privatautonomie meint, dass grundsätzlich jeder am Rechtsverkehr Beteiligte aus eigenem Entschluss und mit eigenem Willen sich rechtlich verpflichten und daher auch Umfang und Rechtswirkung seines Verhaltens im Rechtsverkehr selbst bestimmen kann. Jeder kann entscheiden, ob er am Rechtsverkehr teilnimmt (Abschlussfreiheit) und wie er die Rechtsbeziehungen zu Dritten gestaltet (Gestaltungsfreiheit). Das BGB erfasst die wesentlichen Rechtsgeschäfte, lässt jedoch jedwedes andere Geschäft grundsätzlich zu (vgl. § 305 BGB).

Der Gesetzgeber hat einige ausdrückliche Grenzen der Privatautonomie zum Schutz besonders schutzwürdiger Teilnehmer und zum Schutz der freien Marktwirtschaft vorgesehen. Zentrale Wertaussagen und verfassungsrechtliche Prinzipien werden durch den Schutz des Minderjährigen, durch Formvorschriften, die sog. guten Sitten, die Grundsätze von Treu und Glauben und vielen einzelnen Gesetzen (Wettbewerbsrecht, AGB-Gesetz, Verbraucherschutzgesetze u.ä.) gewahrt. Grenzen der Vertragsfreiheit bestehen immer dann, wenn vermeintliche ungleiche Teilnehmer aufeinandertreffen.

2. Bürgerliches Gesetzbuch

2.1 Aufbau und Grundbegriffe des BGB

Das BGB, am 01.01.1900 in Kraft getreten, blieb mehr als 100 Jahre in seinem Aufbau und Wesen nahezu unverändert. Erst mit dem Gesetz zur Modernisierung des Schuldrechts vom 26.11.2001, das am 01.01.2002 in Kraft trat, wurden - vor allem im Schuldrecht – mehr als 200 Vorschriften abgeändert.

Das BGB unterscheidet zwischen Schuld-, Sachen-, Familien- und Erbrecht. Vorangestellt ist ein Allgemeiner Teil, der für alle folgenden Bücher gemeinsame Regeln enthält. Auch innerhalb der einzelnen Bücher wird diese Systematik beibehalten, indem einzelne Vorschriften „vor die Klammer" gezogen werden, die in abstrahiert-genereller Form für die nachfolgenden Regelungen gelten.

Dem Allgemeinen Teil (Erstes Buch) folgt das Recht der Schuldverhältnisse (Zweites Buch) und das Sachenrecht (Drittes Buch). Im Schuldrecht wird geregelt, welche vertraglichen, vertragsähnlichen oder sonstigen Rechtsansprüche erworben werden können. Im Sachenrecht ist u. a. bestimmt, wie diese Ansprüche durch Rechtsänderung an den Rechtsobjekten mit Wirkung für und gegen alle vollzogen werden.

Beispiel 1:
> Abschluss eines Kaufvertrages über ein Auto. In § 433 Abs. 1 BGB ist geregelt, dass der Verkäufer sich mit dem Kaufvertrag verpflichtet hat, die Sache dem Käufer zu übergeben und ihm das Eigentum daran zu verschaffen. § 433 Abs. 2 BGB bestimmt die dem Käufer entsprechende Pflicht zur Zahlung des vereinbarten Kaufpreises und die Pflicht zur Abnahme der Kaufsache. § 362 Abs. 1 BGB sieht vor, dass das Schuldverhältnis (hier: die Pflichten aus dem Kaufvertrag) erst erlischt, wenn die geschuldete Leistung bewirkt wird. Wie die Leistung bewirkt werden kann regelt das Sachenrecht. § 929 BGB sieht vor,
> dass die Übertragung des Eigentums dadurch erfolgt, dass die Sache vom Eigentümer übergeben wird und sich die Parteien einig sind, dass das Eigentum übergehen soll.

Schließlich folgen noch die Vorschriften über das Familienrecht (Viertes Buch) und über das Erbrecht (Fünftes Buch).

2.2 Grundformen des Rechtsgeschäftes

Ein Rechtsgeschäft besteht aus einer oder mehreren Willenserklärungen, die allein oder in Verbindung mit anderen Tatbestandsmerkmalen auf die Erzielung einer Rechtsfolge gerichtet sind, die eintreten soll, weil sie gewollt ist. Es ist von den Rechtshandlungen (kodifizierte Rechtsfolge ohne Willen des Rechtshandelnden) abzugrenzen. Zu den Rechtshandlungen gehören die geschäftsähnlichen Handlungen und die Realakte. Da die Rechtsfolge bei geschäftsähnlichen Handlungen unabhängig vom Willen, jedoch in der Regel aufgrund eines willentlichen Verhaltens des Handelnden ausgelöst wird, kommen die Regeln über das Rechtsgeschäft entsprechend zur Anwendung. Auf reine Tathandlungen (Realakte) sind die für Rechtsgeschäfte geltenden Vorschriften grundsätzlich unanwendbar.

Beispiel 2:
> Mahnt der Gläubiger seinen Schuldner im Sinne von § 284 BGB, kommt es ihm in der Regel darauf an, dass der Schuldner auf die Mahnung seine Schuld begleicht. Unabhängig davon und unabhängig vom Willen des Gläubigers kommt der Schuldner in Verzug, wenn er die Nichtleistung zu vertreten hat (§ 285 BGB). Mit Verzug treten automatisch weitere Rechtsfolgen ein (z.B. erweiterte Haftung nach § 286 BGB, Recht auf Verzugszinsen nach § 288 BGB etc.).

Beispiel 3:
> Der Sohn baut auf dem Grundstück seiner Eltern ein Wohnhaus mit von ihm selbst gekauften Baumaterialien. Die Eltern sind der Ansicht, dass das Haus ihnen gehöre. Die Baumaterialien befanden sich eindeutig im Eigentum des Sohnes. Da die Baumaterialien im Rahmen des Zusammenfügens zu einem Wohnhaus mit dem Grundstück fest verbunden wurden und vom Grundstück nicht ohne weiteres mehr entfernt werden können, ohne dass das Haus und die Baumaterialien zerstört bzw. wesentlich verändert werden (§ 93 BGB), erstreckt sich das

Eigentum der Eltern am Grundstück nunmehr auch auf das Haus (§ 946 BGB), ohne dass es auf den Willen der Beteiligten ankommt. Die reine Tathandlung ist Realakt, keine rechtsgeschäftliche Verfügung.

2.2.1 Willenserklärungen

Maßgebliche Grundvoraussetzung eines Rechtsgeschäfts ist die Willenserklärung. Sie ist die Äußerung eines auf die Herbeiführung einer Rechtswirkung gerichteten Willens. Im Inneren des Handelnden (Innerer Erklärungstatbestand) setzt die Willenserklärung ein Handlungsbewusstsein und ein Erklärungsbewusstsein (Bewusstsein, dass das Verhalten als rechtsgeschäftliche Erklärung erkannt wird) voraus. Die Entäußerung (äußerer Erklärungstatbestand) zeichnet sich dadurch aus, dass neben dem erkennbaren Handlungsbewusstsein ein Rechtsbindungswille (Erkennen, dass eine rechtliche Bindung gewollt ist) und ein bestimmter Geschäftswille (wesentliche Vertragsbestandteile) erkennbar wird.

Beispiel 4:
> Klassisches Lehrbuchbeispiel für die Frage, ob Erklärungsbewusstsein vorliegt, ist das Handheben in einer Versteigerung, um einem Freund zuzuwinken. Im allgemeinen Rechtsverkehr ist bekannt, dass in einer Versteigerung ein Gebot durch Handheben abgegeben wird. Der (Kauf-)Vertrag kommt mit Zuschlag zustande (§ 156 BGB). Der winkende Teilnehmer an einer Versteigerung wollte kein Angebot, also keine rechtsverbindliche Willenserklärung abgeben; ihm fehlt das aktuelle Erklärungsbewusstsein. Es wird heute überwiegend angenommen, dass ein potentielles Erklärungsbewusstsein ausreichend ist. Dies wird nach objektiven Kriterien bestimmt, d.h., aus der Sicht des Rechtsverkehrs. Durfte der Auktionator nach objektiver Beurteilung der Situation davon ausgehen, dass der Winkende die Versteigerungsbräuche kannte oder bei Anwendung der im Verkehr erforderlichen Sorgfalt hätte kennen müssen, ist ein Kaufvertrag zustande gekommen.

Beispiel 5:
> Eindeutiger ist der (als Lehrbuchbeispiel) abgewandelte Fall, in dem der Teilnehmer an einer Auktion etwa einschläft und der Nachbar die Hand des Schlafenden zum Zeichen des Angebotes hoch hebt. Hier fehlt es wie bei Reflexhandlungen, Handeln unter Hypnose etc. an einem Handlungswillen, da dem Schlafenden nicht bewusst ist, dass er rechtsgeschäftlich tätig wird. Es kommt kein Kaufvertrag zustande.

2.2.2 Typen von Rechtsgeschäften

Je nach dem, wie viele Willenserklärungen für die gewollte Rechtsfolge notwendig sind, unterscheidet man zwischen einseitigen und mehrseitigen Rechtsgeschäften. Zu den wichtigsten einseitigen Rechtsgeschäften zählen die Kündigung, die Anfechtung, die Aufrechnung, die Auslobung und das Testament. Für sie gelten einzelne Sonderbestimmungen im Allgemeinen Teil des BGB (z.B. § 111 BGB) oder auch in den entsprechenden Sonderregelungen der einzelnen Schuldverhältnisse (z.B. § 1831 BGB).

Zu den mehrseitigen Rechtsgeschäften zählen insbesondere die Verträge, bei denen in der Regel zwei übereinstimmende Willenserklärungen notwendig sind. Bei Gesellschaftsverträgen und Beschlüssen können gleichzeitig mehrere Beteiligte rechtlich gebunden werden, ohne direkt mitzuwirken.

2.2.3 Verpflichtungs- und Verfügungsgeschäft

Im Rahmen des Abstraktionsprinzips unterscheidet man weiterhin zwischen Verpflichtungs- und Verfügungsgeschäften. Verpflichtungsgeschäfte sind die Erklärungen, die dazu führen, dass ein Beteiligter zu einer bestimmten Handlung (z.B. Übergabe der Kaufsache, Zahlung des Kaufpreises, Werklohnes u.ä.) oder einer Willenserklärung (z.B. Auflassung, Unterlassung) verpflichtet wird. Das Verpflichtungsgeschäft begründet also zunächst lediglich eine schuldrechtliche (Leistungs-) Pflicht. Es entsteht ein Schuldverhältnis.

Das Verfügungsgeschäft führt in der Regel zur Erfüllung der schuldrechtlichen Pflicht. Dadurch wird ein Recht verändert, aufgehoben, belastet oder übertragen (die sog. Verfügung). Der Verkäufer ist die schuldrechtliche Verpflichtung eingegangen, eine bestimmte Sache zu übergeben und dem Käufer das Eigentum daran zu verschaffen (§ 433 Abs. 1 BGB). Die Übergabe selbst, mit der Wirkung, dass sich das Eigentumsverhältnis an der Sache ändert (§ 929 BGB), ist erst die Erfüllung der Verpflichtung.

2.2.4 Rechts- und Geschäftsfähigkeit

Rechts- und Geschäftsfähigkeit sind unbedingte Voraussetzungen für die Wirksamkeit von Willenserklärungen. Das „Verpflichtenkönnen und Verfügenwollen", also die Verbindlichkeit und die Rechtswirkung von Willenserklärungen hängen davon ab. Ohne Bedeutung für die Willenserklärungen ist die Frage der Berechtigung, eine bestimmte Erklärung abzugeben (z.B. Verkauf einer fremden Sache). Ob die gewünschte Rechtsfolge tatsächlich eintritt, das Rechtsgeschäft also wirksam oder anfechtbar ist, zeigt sich regelmäßig bei der Beurteilung des Verfügungsgeschäftes.
Nach § 1 BGB beginnt die Rechtsfähigkeit des Menschen (sog. natürliche Person des Zivilrechts) mit der Vollendung der Geburt. Die Rechtsfähigkeit von sog. juristischen Personen des Zivilrechts (Vereine, Gesellschaften etc.) ist in der Regel an deren Konstitution gebunden und in den jeweils ausdrücklich geregelten Fällen von der Eintragung in Registern abhängig (z.B. der eingetragene Verein, die Kapitalgesellschaft, siehe auch unten: Teil Gesellschaftsrecht, z.B. GmbH).

Die Geschäftsfähigkeit beginnt bei natürlichen Personen mit Beginn des 7. Lebensjahres. Die Willenserklärung eines Geschäftsunfähigen ist nichtig. Der Minderjährige der zwar schon das 7. Lebensjahr, aber noch nicht das 18. Lebensjahr vollendet hat, ist beschränkt geschäftsfähig (§§ 106, 2 BGB), d.h. die Wirksamkeit der Rechtsgeschäfte hängt in der Regel von einer Genehmigung (z.B. des Erziehungsberechtigten) ab.

2.2.5 Mängel beim Abschluss von Rechtsgeschäften

Mängel beim Abschluss von Rechtsgeschäften (Willensmängel) haben unterschiedliche Folgen auf das Rechtsgeschäft (Nichtigkeit, Anfechtbarkeit). Die Nichtigkeit führt unmittelbar zur Unwirksamkeit des Rechtsgeschäfts, d.h. es wird den abgegebenen Willenserklärungen die Rechtsfolge versagt, wobei stets zu prüfen ist, ob nicht etwa eine Heilung eingetreten ist (z.B. durch Genehmigung).

Bei der Anfechtbarkeit ist die Abgabe einer weiteren Willenserklärung notwendig, um auf die Rechtsfolgen des Rechtsgeschäfts einzuwirken, nämlich diese gegebenenfalls vollständig und in der Regel rückwirkend aufzuheben (vgl. § 142 BGB). Die Anfechtung setzt eine Anfechtungserklärung, die innerhalb einer bestimmten Frist erklärt werden muss, und einen Anfechtungsgrund voraus. Im Allgemeinen Teil des BGB ist die Anfechtbarkeit wegen Irrtums (§ 119 BGB) und die Anfechtung wegen Täuschung und Drohung (§ 123 BGB) geregelt. In Besonderen Teilen des BGB befinden sich zum Teil noch weitere spezielle Anfechtungsregeln.

Das BGB sieht für einzelne Rechtsgeschäfte besondere Formvorschriften vor. In der Regel handelt es sich dabei um Schutzvorschriften (Übereilungsschutz), so dass die Missachtung dieser Vorschriften zur Nichtigkeit der Willenserklärungen, nicht bloß zur Anfechtbarkeit, führt (vgl. § 125 BGB).

2.2.6 Grenzen und Schranken des Rechtsgeschäfts

Das BGB kennt schließlich noch ausdrückliche Grenzen der Privatautonomie und hat deren Folgen für Rechtsgeschäfte, die diese Grenzen nicht beachten, geregelt (unzulässige Rechtsgeschäfte). Gegenstand dieser Regeln ist nicht die Willenserklärung, sondern die gewollte Rechtsfolge (z.B. gesetzliches Verbot gemäß § 134 BGB, Veräußerungsverbot §§ 133, 137 BGB, sittenwidrige Rechtsgeschäfte § 138 BGB).

Dem im Recht der Schuldverhältnisse in § 242 BGB statuierten Grundsatz von Treu und Glauben kommt im Zivilrecht überragende Bedeutung zu. Ein Verstoß gegen § 242 BGB wird im gesamten Zivilrecht als Einwendung, d.h. Regulativ, aufgefasst, das auf die Rechtsfolgen von Rechtsgeschäften einwirkt, wenn das Ergebnis mit den einschlägigen Verkehrssitten nicht im Einklang steht. Es handelt sich also um eine Ausnahmeregelung, die sehr restriktiv anzuwenden ist.

2.2.7 Allgemeine Geschäftsbedingungen

Um die jeweiligen Parteien vor überraschenden Vertragsklauseln zu schützen, insbesondere weil im heutigen Geschäftsverkehr sehr häufig standardisierte Vertragswerke verwendet werden und damit das freie und gleichberechtigte Verhandeln des jeweiligen Vertragsinhaltes gefährdet wird, sehen die §§ 307 - 309 BGB die Unwirksamkeit bestimmter einseitiger Klauseln vor, soweit keine Verträge auf dem Gebiet des Familien-, Erb- oder Gesellschaftsrechts betroffen sind (§ 310 Abs. 4 BGB).

Bei den Allgemeinen Geschäftsbedingungen (AGB) muss es sich um Vertragsbedingungen handeln, die für eine Vielzahl von Verträgen vorformuliert wurden (§ 305 Abs. 1 BGB). Mit Vielzahl sind mindestens drei Verträge gemeint, wobei die Verwendung des ersten Vertrages dann bereits ausreicht. Die AGB müssen von einer Seite einseitig gestellt worden sein, wenngleich sie nicht vom Verwender selbst stammen müssen.

Die AGB müssen in den Vertrag zwischen den Parteien einbezogen sein (§ 305 Abs. 2 BGB). In der Regel ist ein ausdrücklicher und erkennbarer Hinweis und die Möglichkeit der Kenntnisnahme der AGB erforderlich (ausnahmsweise reicht auch ein deutlich sichtbarer Aushang am Ort des Vertragsabschlusses).

Wurden AGB schließlich wirksam in das Geschäft miteinbezogen, unterliegen sie besonderen Wertungen. Die §§ 308 und 309 BGB enthalten Kataloge unzulässiger Klauseln. Soweit ein Fall davon nicht ausdrücklich erfasst wird, ist an der Generalklausel des § 307 BGB zu prüfen, ob der Vertragspartner des Verwenders der AGB wider Treu und Glauben unangemessen benachteiligt wird. Dabei sind die typischen Regeln des BGB und andere Sondergesetze als ausgeglichene Regelinstrumentarien zu berücksichtigen. Je mehr eine Klausel vom gesetzlichen Grundtypus abweicht, um so eher liegt eine unangemessene Benachteiligung nahe.

Gegenüber einem Unternehmer, der im kaufmännischen Verkehr nicht so schutzwürdig ist wie eine Privatperson, sind § 305 Abs. 2 und 3 BGB sowie die §§ 308 und 309 BGB unmittelbar nicht anzuwenden. Nach der heutigen Rechtsprechung werden diese Regelungen aber als grundsätzlich objektive Wertungskriterien angesehen, die auch auf Verträge mit Kaufleuten entsprechende Anwendung finden. Die Anwendung des § 307 BGB wurde nämlich ausdrücklich nicht ausgeschlossen.

Um die unredliche Anwendung nicht zu provozieren, bestimmt § 306 Abs. 2 BGB, dass die zu beanstandende Klausel insgesamt, nicht nur der gegen das Klauselverbot verstoßende Teil, unwirksam ist, und die entsprechenden gesetzlichen Regeln an deren Stelle gelten. Der Vertrag im Übrigen bleibt immer wirksam (§ 306 Abs. 1 BGB).

Soweit beide Seiten des Geschäfts AGB verwenden, die sich zum Teil widersprechen, gelten nicht die AGB, auf die sich zuletzt berufen wurde (kein Wettlauf der AGB). Vielmehr heben sich die widersprechenden Regeln der gegenseitigen AGB gegeneinander auf.

2.3 Auslegungsmethoden

Sind die Anforderungen an Willenserklärungen und damit an die jeweiligen Rechtsgeschäfte definiert, ist das Verhalten einer Person im Rechtsverkehr nicht immer eindeutig einer bestimmten Definition zuzuordnen. Nicht selten versteht der Empfänger etwas anderes als der Erklärende gewollt hat.

Nicht nur der Jurist, sondern vielmehr die Beteiligten an Rechtsgeschäften müssen unklare Willenserklärungen auslegen, soweit feststeht, dass die Voraussetzungen des Vorliegens für jede Willenserklärung geprüft wurden und positiv feststehen.

Entsteht Streit über die Frage, was tatsächlich vereinbart wurde, wird nach sog. Auslegungsregeln entschieden. Die Auslegung ist erst dann relevant, wenn die Beteiligten ihre Willenserklärungen nicht übereinstimmend begreifen.

Ansätze einer gesetzlich unterstellten Auslegungsmethode gibt zunächst § 133 BGB, der vorschreibt, dass nicht allein der buchstäbliche Ausdruck, sondern der wirkliche Wille maßgebend ist. Speziell für Verträge stellt § 157 BGB auf Treu und Glauben und auf die Rücksicht der Verkehrssitte ab.

Inzwischen wurden verschiedene Auslegungsschritte aus diesen Anforderungen entwickelt, die eine Bewertung der gegensätzlichen Interessen bei empfangsbedürftigen Willenserklärungen aus der Sicht des Empfängers (objektiver Empfängerhorizont) vornehmen. Maßgeblich ist nicht, was der Erklärende wirklich wollte, sondern welchen Willen des Erklärenden der Erklärungsempfänger redlicherweise unterstellen durfte. Dabei kommt es nicht auf Spezialwissen der einzelnen Beteiligten, sondern auf die jeweils einschlägigen objektiven Verkehrskreise an.

Die Auslegung von Willenserklärungen hat zunächst beim Wortlaut selbst zu beginnen. Ergeben sich Zweifel am Ergebnis des ersten Auslegungsschrittes oder führt der erste Schritt zu keinem Ergebnis, sind im zweiten Auslegungsschritt die außerhalb der Erklärung liegenden äußeren Umstände zu berücksichtigen. Dieser Schritt ist notwendig, wenn der Wortlaut allein nicht aussagekräftig genug ist, um eine klare, eindeutige und interessengerechte Auslegung zu ermöglichen. Dabei sind vorwiegend die erkennbaren Umstände (Ort der Erklärung, Sprachgebrauch, Unterlagen, Verkehrssitten, Geschäftsbräuche etc.) zu berücksichtigen.

Führt die Auslegung zu dem Ergebnis, dass sich die Parteien übereinstimmend falsch ausgedrückt, im Ergebnis aber doch verstanden haben, so ist das Rechtsgeschäft wirksam, da das Gewollte auch erklärt wurde („falsa demonstratio non nocet").

Beispiel 6:
> Die Vertragsauslegung führt häufig zu dem Ergebnis, dass Teile der vertraglichen Regelungen unklar bleiben, ohne dass dies jedoch auf den grundsätzlichen Bestand des Rechtsgeschäftes Einfluss hat (z.B. weil die Beteiligten erkennbar am Vertrag festhalten wollen). In diesem Fall muss der Vertrag erläuternd oder ergänzend ausgelegt werden. Die erläuternde Vertragsauslegung (§ 157 BGB) richtet nach dem Vertragszweck unter Berücksichtigung der Verkehrssitte. Die ergänzende Auslegung führt im ersten Schritt zur Feststellung, dass die Parteien einen bestimmten Teil des Vertrages nicht oder nicht abschließend geregelt haben; es besteht eine Lücke. Ob eine bewusste oder unbewusste, eine von Anfang an vorhandene oder erst im Rahmen der Durchführung entstandene, nachträgliche Lücke vorliegt, spielt für die Feststellung der Lücke keine Rolle. Nicht immer, wenn eine Regelung zu einem bestimmten Vertragspunkt fehlt, liegt auch eine Lücke vor. Regeln die Parteien eines Kaufvertrages Fragen der Gewährleistung nicht, wollen sie in der Regel die Anwendung der gesetzlichen Vorschriften. Die ergänzende Auslegung darf daher nicht zur Veränderung oder Erweiterung des Inhaltes der vertraglichen Vereinbarungen führen. Wird eine Lücke festgestellt, wird diese durch diejenige Regelung ausgefüllt, auf die sich die Parteien bei Erkenntnis der Notwendigkeit der Regelung unter Berücksichtigung der konkreten Einzelumstände hätten einlassen müssen.

Das BGB enthält in einzelnen „Besonderen Teilen" Auslegungsvorschriften, die auf die Besonderheiten der Materie Rücksicht nehmen (z.B. im Erbrecht § 2066 BGB).

2.4 Vertragsabschluss

Für den ständigen Rechtsverkehr stellt der Vertrag, also das zweiseitige Rechtsgeschäft, die überwiegende Form der Rechtsgeschäfte dar.

2.4.1 Angebot und Annahme

Im BGB steht zwar nicht ausdrücklich, wie ein Vertrag zustande kommt. Aus § 151 Satz 1 BGB ist jedoch die Grundprämisse des BGB erkennbar, dass für einen Vertrag die Annahme eines vorher abgegebenen Angebotes notwendig ist. Angebot und Annahme entsprechen den jeweiligen Willenserklärungen der Beteiligten. Sowohl für das Angebot als auch für die Annahme sind die oben beschriebenen inneren und äußeren Erklärungstatbestände notwendig.

Da der Vertrag erst zustande kommt, wenn übereinstimmende Willenserklärungen vorliegen, handelt es sich um empfangsbedürftige Willenserklärungen, d.h. die Willenserklärung muss geäußert worden sein, so dass ohne weiteres der Zugang möglich ist (Abgabe) und in den Machtbereich des Empfängers gelangen kann, und zwar so, dass unter normalen Umständen mit der Kenntnisnahme zu rechnen ist (Zugang) und vor der Annahme kein Widerruf erfolgt. Es müssen also sowohl das Angebot als auch die Annahme jeweils geäußert und zugegangen sein.

Beispiel 7:
> Verkäufer V schickt ein Angebot per Post an den potentiellen Käufer K. Am nächsten Tag merkt V, dass er sich zu Lasten des K verrechnet hat und schickt seinen Auszubildenden A mit einem entsprechend korrigierten Angebot zu K; A verliert das Angebotsschreiben unterwegs und verschweigt dies V. K erhält nur das ursprüngliche Angebot drei Tage später. Ihm sagt das Angebot zu und er schickt ebenfalls per Post ein Bestätigungsschreiben. Am gleichen Tag erhält er von dem Kunden KU ein günstigeres Angebot und widerruft seine Bestätigung per Telefax am selben Tag. Die Sekretärin des V legt das Fax falsch ab, so dass V drei Tage später das Bestätigungsschreiben von K erhält. V

kann nicht Abnahme und Zahlung verlangen, weil kein Vertrag zustande kam. Zunächst ist sein ursprüngliches Angebot bei K angekommen. Auf das korrigierte Angebot kommt es nicht an, da dies K nie erhalten hat; V hat es zwar dem A übergeben, dieser hat es jedoch nicht bei K abgegeben. K hat das ursprüngliche Angebot nicht angenommen. Zwar hat er seine Annahmeerklärung abgeschickt, jedoch ist der Widerruf per Telefax bei V angekommen, bevor die Annahmeerklärung dort per Post angekommen ist (§ 130 Abs. 1 Satz 2 BGB). Dabei spielt es keine Rolle, dass S das Fax nicht an V weitergeleitet hat, da bei normalen Umständen mit einer Kenntnisnahme des V zu rechnen war und der Widerruf in seinen Machtbereich gekommen ist. Der spätere Eingang des Bestätigungsschreibens ist daher unbeachtlich.

Soweit das Angebot nicht ausdrücklich etwas anderes beinhaltet, ist es bei Anwesenden sofort anzunehmen, bei Abwesenden (also bei Schriftverkehr u.ä.) innerhalb eines Zeitraumes, in welchem der Antragende den Eingang der Antwort unter regelmäßigen Umständen erwarten darf (§ 147 BGB).
Eine verspätete Annahme oder eine vom Angebot inhaltlich abgeänderte Annahme gilt als neues Angebot (§ 150 BGB), die sog. modifizierte Auftragsbestätigung.

2.4.2 Form des Vertragsschlusses

Besondere Formvorschriften können sowohl für das Angebot als auch für die Annahme gelten. Bestehen keine Formvorschriften, können Angebot und Annahme auch in unterschiedlicher Form erfolgen (z.B. ein schriftliches Angebot wird mündlich angenommen). Der Gesetzgeber hat für bestimmte Rechtsgeschäfte bzw. bestimmte Rechtskreise einerseits Formerleichterungen und andererseits Formerschwernisse vorgesehen. Grundstücksgeschäfte bedürfen der notariellen Beurkundung (§ 313 BGB), ebenso wie etwa die Übertragung von Geschäftsanteilen einer GmbH (§ 15 Abs. 3 GmbHG). Im kaufmännischen Verkehr gilt - bei Vorliegen der Voraussetzungen - das Schweigen eines Kaufmannes auf ein Angebot als Annahme (§ 362 HGB - wegen der Einzelheiten in diesen Fällen wird auf die Ausführungen zum Handelsrecht verwiesen).

Wird ein Geschäft vereinbart, das der Genehmigung eines Dritten bedarf (z.B. Handeln als Vertreter ohne Vertretungsmacht), berührt dies die Formvorschriften für Angebot und Annahme nicht. Es hängt lediglich die Wirksamkeit des gesamten Geschäfts von der Genehmigung ab. Die Genehmigung ist nicht die Annahme des Angebotes. Die Genehmigung bedarf nicht der für das Rechtsgeschäft bestimmten Form (§ 182 Abs. 2 BGB).

Beispiel 8:
> Vor einem Notar wird ein Kaufvertrag mit Abtretung von GmbH-Geschäftsanteilen zwischen F als Vertreter des V und K vereinbart. Die Anteile gehören dem V. Der F war allerdings von V zum Verkauf nicht bevollmächtigt. V schickt dem K später aber einen Brief, in dem er die Erklärungen des F im notariellen Kaufvertrag genehmigt. Der Vertrag und die Abtretung sind mit Zugang des Genehmigungsschreibens bei K wirksam. § 15 Abs. 3 und 4 GmbHG verlangt bei der Veräußerung und Abtretung die Form einer notariellen Beurkundung. Eine Beurkundung liegt zunächst vor. Allerdings handelt dabei nicht der an den Geschäftsanteilen berechtigte Eigentümer. Schließt ein Vertreter ohne Vertretungsmacht ein Rechtsgeschäft ab, hängt die Wirksamkeit von der Genehmigung des Vertretenen ab (§ 177 Abs. 1 BGB). Die Genehmigung durch einfachen Brief erfolgte vom berechtigten V wirksam, weil die Zustimmung (= nachträgliche Genehmigung) nicht der notariellen Form bedarf (§ 182 Abs. 2 BGB).

Haben die Parteien eine bestimmte Form (z.B. Schriftform) vereinbart, hängt die Wirksamkeit des Rechtsgeschäfts davon ab, ob die gewillkürte Form lediglich zu Beweiszwecken oder als Wirksamkeitsvoraussetzung gewählt wurde. Maßgebend ist die Gesamtschau der Einzelumstände. Im Zweifel ist die Einhaltung der Formabrede jedoch Wirksamkeitsvoraussetzung (§ 154 Abs. 2 BGB).

2.4.3 Inhalt des Vertrages

Liegen wirksame, übereinstimmende Willenserklärungen vor, bestimmt sich danach der Inhalt des Vertrages, der ggfls. durch Auslegung zu ermitteln ist. Solange sich die Parteien nicht über alle wesentlichen Vertragspunkte geeinigt haben, ist der Vertrag im Zweifel nicht zustande gekommen (sog. Dissens nach § 154 Abs. 1 BGB). Ein versteckter Einigungsmangel berührt die Wirksamkeit eines Vertrages nicht, sofern die Parteien den Vertrag auch ohne eine entsprechende ausdrückliche Regelung abgeschlossen hätten (§ 155 BGB); dies ist in der Regel anzunehmen, wenn die Parteien den Vertrag durchführen, obwohl sie die Regelungslücke inzwischen erkannt haben.

Ausnahmsweise führt die Durchführung faktischer Rechtsverhältnisse, über die kein wirksamer Vertrag geschlossen wurde, dennoch zur rechtlichen Bindung, insbesondere wenn eine Rückabwicklung faktisch nicht möglich ist (vgl. Einzelheiten im Arbeits- und Gesellschaftsrecht).

2.4.4 Vertretung bei Vertragsabschluss

Das BGB geht von dem Regelfall aus, dass die Vertragsparteien die Rechtsgeschäfte selbst abschließen. Tatsächlich tritt der Geschäftsinhaber bei vielen für den Betrieb üblichen, alltäglichen Geschäften aber nicht selbst auf, sondern handelt durch seine gesetzlichen Vertreter (Vorstand, Geschäftsführer, Prokuristen etc.) oder durch Handelsvertreter und Angestellte.

§ 164 BGB bestimmt für diesen Fall, dass die Willenserklärungen eines Vertreters unmittelbar für und gegen den Vertretenen wirken, sofern der Vertreter erkennbar für den anderen und innerhalb seiner Vertretungsmacht gehandelt hat. Sämtliche Umstände und Kenntnisse im Bereich des Vertreters werden dem Vertretenen unmittelbar zugerechnet (§ 166 BGB). Voraussetzung ist, dass der Vertreter ausreichend bevollmächtigt ist und erkennbar als Vertreter handelt. In der Regel hat der Vertreter daher deutlich zu machen, dass er nicht für sich selbst handelt; dies kann aus den näheren Umständen erkennbar sein (z.B. der Ladenverkäufer handelt erkennbar beim Verkauf für den Geschäftsinhaber, sog. „Geschäft für den, den es angeht"). Der Umfang der Bevollmächtigung ergibt sich bei gesetzlichen Vertretern in der Regel aus dem entsprechenden Gesetz (HGB, GmbHG, AktG etc.). Im Übrigen kommt es auf den Inhalt der schriftlichen Vollmachtsurkunde (§ 172 BGB) oder den Inhalt der besonderen Mitteilung einer Bevollmächtigung durch den Vollmachtsgeber gegenüber dem Dritten an (§ 167 BGB). Wird das Handeln für einen anderen nicht erkennbar, kommt das Geschäft mit dem Vertreter selbst zustande.

Handelt ein Vertreter ohne Vertretungsmacht, kann das Rechtsgeschäft vom Vertretenen genehmigt werden (§ 177 BGB). Andernfalls kann der Dritte wählen, ob er von dem Vertreter die Erfüllung oder Schadensersatz verlangt (§ 179 BGB).

Vom Vertreter zu unterscheiden ist der Empfangs- bzw. Erklärungsbote. Dieser handelt nicht für eine Vertragspartei, sondern ist nur zur Abgabe oder zum Empfang einer Willenserklärung berechtigt; es handelt sich dabei um die Willenserklärung der jeweiligen beteiligten Personen selbst.

2.4.5 Nebenpflichten vor und nach Vertragsschluss

Besteht zwischen mehreren Personen ein vertragliches oder gesetzliches Schuldverhältnis, entstehen neben den eigentlichen Leistungspflichten auch Nebenpflichten. Diese Nebenpflichten können sich aus dem Vertrag (z.B. Auskunftsrechte oder Schweigepflichten), der konkreten Gesetzesnorm (beim Kauf etwa die Abnahmeverpflichtung nach § 433 Abs. 2 BGB) oder allgemein aus dem Gesetz ergeben. Danach haben die Vertragspartner gegenseitig jeweils ihre berechtigten Interessen zu beachten. Ein Verstoß gegen solche Nebenpflichten, sofern er nicht zu Verzug oder Unmöglichkeit führt und dessen Rechtsfolgen nicht von den gesetzlichen Gewährleistungsvorschriften erfasst werden, begründet eine Schadensersatzpflicht. Nach § 280 Abs. 1 BGB kann der Geschädigte Ersatz des entstandenen

Schadens verlangen. Es ist der Zustand herzustellen, der bestehen würde, wenn die Pflichtverletzung nicht erfolgt wäre (sog. negative Interesse).

Aber auch bereits bei der Aufnahme von Vertragsverhandlungen entsteht ein gesetzliches Schuldverhältnis, § 311 Abs. 2 BGB. Verstößt der Schuldner gegen bestehende Sorgfalts-, Obhuts- und Treuepflichten, ist er dem Geschädigten nach § 280 Abs. 1 BGB zum Ersatz des Schadens verpflichtet.

Beispiel 9:
> K will von V einen PKW kaufen und macht eine Probefahrt. Unterwegs bleibt K wegen eines Defekts des PKW, den der V zu vertreten hat, stehen und muss mit dem Taxi zurück fahren. Ein Kaufvertrag kommt nicht zustande. V muss die Taxikosten übernehmen, da beim Eintritt von Vertragsverhandlungen ein gesetzliches Vertragsverhältnis entstanden ist. Da V die erforderliche Sorgfalt verletzt hat, hat er dem K den daraus entstandenen Schaden zu ersetzen.

Erfolgt die Vertrags- oder Geschäftsanbahnung durch einen Vertreter oder sonstigen Sachwalter des Geschäftsherrn, haftet neben dem Geschäftsherrn auch der Sachwalter/Vertreter persönlich, wenn er in besonderem Maße Vertrauen in Anspruch genommen hat (Vertretereigenhaftung).

Zur typisierten Vertrauenshaftung hat sich schließlich die sog. Prospekthaftung entwickelt. Werden unrichtige Prospekte beispielsweise über ein Finanzierungsvorhaben herausgegeben, so haftet jeder demgegenüber der Anleger typischerweise Vertrauen entgegenbringt (Initiatoren, Gründer, Geschäftsführer, Vermittler, Rechtsanwälte, Wirtschaftsprüfer etc.).

2.5 Kaufvertrag

Der Kaufvertrag ist der am häufigsten vorkommende und wirtschaftlich wichtigste Vertrag. Er ist auf die Veräußerung eines Vermögensgegenstandes, d.h. einer Sache (Warengeschäft), gerichtet.

Für den Kaufvertrag gelten die Grundformen des Rechtsgeschäfts, wie sie oben dargestellt wurden. Der wesentliche Inhalt eines Kaufvertrages ergibt sich aus § 433 BGB. Danach sind sich die Parteien eines Kaufvertrages darüber einig, dass der Verkäufer verpflichtet ist, einen Gegenstand zu veräußern und der Käufer den Kaufpreis zu zahlen hat. Beim Rechtskauf ist der Verkäufer verpflichtet, das Recht zu verschaffen und ggfls. die Sache zu übergeben, wenn das Recht zum Besitz einer Sache berechtigt.

Kein Kaufvertrag ist der sog. Vorvertrag, da sich die Parteien im Vorvertrag regelmäßig zunächst nur verpflichten, einen Kaufvertrag abzuschließen, dessen Inhalt aber zunächst nur grundsätzlich und noch näher bestimmbar festgelegt wurde.

Beim Kauf auf Probe ist der Kaufvertrag im Zweifel unter der aufschiebenden Bedingung der Billigung geschlossen (§§ 454 f. BGB). Die Billigung kann ausdrücklich oder stillschweigend erfolgen.

2.5.1 Rechte und Pflichten des Verkäufers

Der Verkäufer verpflichtet sich beim Kaufvertrag, den Kaufgegenstand zu übergeben und dem Käufer das Eigentum daran zu verschaffen. Kaufgegenstand kann jeder Vermögenswert sein, der überhaupt übertragbar ist, also insbesondere Sachen und Rechte.

Sachen sind dabei nach den Vorschriften des Sachenrechts (§§ 929 ff. BGB) zu übereignen. Die Übereignung erfolgt durch die Einigung der Parteien, dass das Eigentum an der Sache auf den anderen übergeht und dem anderen Besitz an der Sache eingeräumt wird (Übergabe).

Für Grundstücke und Rechte an Grundstücken erfolgt die Übereignung durch Einigung über den Rechtswechsel (bei Grundstücken auch „Auflassung" genannt) und der Eintragung der Rechtsänderung im Grundbuch (§§ 873, 925 BGB).

Rechte werden nach §§ 398 ff. BGB abgetreten, d.h. der Käufer muss Inhaber des Rechts werden. Eine Übergabe erfolgt nur dann, wenn das Recht zum Besitz einer Sache berechtigt (z.B. Wechsel, Erbbaurecht).

2.5.2 Rechte und Pflichten des Käufers

Die Hauptpflicht des Käufers ist die Bezahlung der Kaufsache. Der geschuldete Kaufpreis besteht aus Geld; andernfalls liegt ein Tausch vor (§ 480 BGB).

§ 362 Abs. 1 BGB sieht vor, dass das Schuldverhältnis dann erlischt, wenn die geschuldete Leistung an den Gläubiger bewirkt wird (sog. Erfüllungswirkung). Die Erfüllung ist von der bloßen Leistungshandlung zu unterscheiden. Zahlt der Schuldner beispielsweise auf das Bankkonto des Gläubigers den Kaufpreis ein, hat er die geschuldete Leistungshandlung erbracht. Wenn das Geld auf dem Konto des Gläubigers gutgeschrieben ist, tritt Erfüllung ein.

Soweit die Parteien nichts anderes vereinbart haben, ist der Kaufpreis in bar und sofort bei Abschluss des Vertrages zu bezahlen; allerdings kann der Käufer das Geld zurückhalten, bis der Verkäufer seiner Übertragungspflicht nachgekommen ist (Einrede des nicht erfüllten Vertrages, § 320 BGB).

Das BGB sieht neben der Erfüllung nach § 362 Abs. 1 BGB noch weitere Erfüllungsmöglichkeiten vor. Nach § 364 Abs. 1 BGB erlischt das Schuldverhältnis auch, wenn der Gläubiger eine andere als die geschuldete Leistung an Erfüllungsstatt annimmt. Oftmals werden dem Gläubiger andere Leistungen angeboten, die erst dann zu einer Erfüllung führen, wenn der Gläubiger sich aus der angebotenen Leistung befriedigt hat (sog. Leistung erfüllungshalber). Zu diesen Leistungen gehören Schecks; das Schuldverhältnis erlischt erst, wenn sich der Gläubiger des Schecks bedient hat. Leistungen erfüllungshalber führen in der Regel lediglich zu einer weiteren Befriedigungsmöglichkeit, wobei die Parteien üblicherweise davon ausgehen, dass sich der Gläubiger mit der Annahme der Leistung verpflichtet, erst von dieser Möglichkeit Gebrauch zu machen. Scheitert der Versuch (Scheck „platzt"), tritt keine Erfüllung ein und die ursprüngliche Forderung besteht nach wie vor.

Beispiel 10:
> Der Käufer gibt dem Verkäufer wegen einer Geldforderung aus einem Kaufvertrag einen Wechsel. Gemäß § 364 Abs. 2 BGB ist anzunehmen, dass der Verkäufer seine Kaufpreisforderung nicht aufgegeben hat. Der Verkäufer hat jetzt zwei Forderungen: die Kaufpreisforderung und die Wechselforderung; er kann allerdings nur einmal Erfüllung verlangen. Durch die Vereinbarung, den Wechsel anzunehmen, hat sich der Verkäufer allerdings verpflichtet, zunächst aus dem Wechsel vorzugehen. Scheitert dies, kann er die Kaufpreisforderung weiter geltend machen.

Eine weitere Möglichkeit, sich von einer bestehenden Forderung zu befreien, bietet die Aufrechnung (§ 387 BGB). Danach können gleichartige Forderungen, die den jeweiligen Parteien gegenseitig zustehen, mit der Wirkung verrechnet werden, dass die Forderungen, soweit sie sich betragsmäßig decken, erlöschen (§ 389 BGB). Bei der Aufrechnung spricht man von der Hauptforderung, d.h. der eigentlichen Forderung gegen die mit einer anderen Forderung, der sog. Gegenforderung, aufgerechnet wird. Die Hauptforderung muss erfüllbar, nicht aber unbedingt fällig sein. Die Gegenforderung muss allerdings voll wirksam und fällig sein. Gesetzliche Beschränkungen der Aufrechnungsmöglichkeit sehen die §§ 390 ff. und verschiedene Einzelregelungen in anderen Gesetzen vor. Die Aufrechnung kann auch - soweit damit gegen kein gesetzliches Verbot verstoßen wird - durch Vertrag ausgeschlossen werden; dies gilt insbesondere für Handels- und Barzahlungsklauseln. Die Aufrechnung erfolgt durch Erklärung gegenüber der anderen Partei und ist bedingungsfeindlich (§ 388 BGB). Schließlich erlischt eine Forderung auch durch Erlass (§ 397 BGB).

Wann die Kaufpreisleistung zu erbringen ist, hängt von der Vereinbarung zwischen den Parteien über die Fälligkeit ab. Im Zweifel ist die Leistung sofort zu erbringen (§ 271 BGB). Nach § 433 Abs. 2 BGB ist der Käufer verpflichtet, die gekaufte Sache abzunehmen.

2.5.3 Sachmängelhaftung

Kommt ein Vertragspartner seinen Verpflichtungen nicht nach, spricht man von Leistungsstörungen. Das BGB enthält für diese Fälle allgemeine Regeln im Buch über das Recht der Schuldverhältnisse. Besondere Regeln finden sich in den jeweiligen Abschnitten der einzelnen Vertragstypen.

Kann ein Vertragspartner seine Leistung gar nicht erbringen, ist die Leistung unmöglich geworden. Der zur Leistung Verpflichtete wird von seiner Leistung befreit (§ 275 Abs. 1 BGB). Bei Verschulden der Unmöglichkeit muss er seinem Vertragspartner aber den dadurch entstandenen Schaden ersetzen (§§ 283, 280 BGB).

Demgegenüber liegt Verzug vor, wenn ein Vertragspartner seine Leistung erst nach Fälligkeit und Mahnung oder nach einem kalendermäßig genau bestimmten Leistungszeitpunkt (§ 286 Abs. 1 und Abs. 2 BGB) erbringt. In diesen Fällen ist dem Vertragspartner der durch den Verzug entstandene Schaden zu ersetzen (§ 280 BGB). Der sich in Verzug befindende Vertragspartner hat aber dennoch seine Leistung, wenn auch verspätet, zu erbringen.

Der auf die Leistung wartende Vertragspartner kann seinem Gegenüber aber eine angemessene Frist zur Leistung setzen. Nach Ablauf der Frist kann er dann neben dem Verzugsschaden entweder Schadensersatz statt Leistung (§ 281 Abs. 1 BGB) verlangen oder vom Vertrag zurücktreten (§ 323 Abs. 1 BGB).

Der Schuldner einer Geldforderung kommt spätestens 30 Tage nach Fälligkeit und Zugang der Rechnung in Verzug (§ 286 Abs. 3 BGB). Einer Mahnung bedarf es in diesem Falle nicht. Ist der Schuldner Verbraucher, muss er aber auf diese Rechtsfolge hingewiesen worden sein.

In den jeweiligen Abschnitten der einzelnen Vertragstypen finden sich darüber hinaus spezielle Regelungen. Ist ein Kaufgegenstand beispielsweise mit Rechten Dritter behaftet, liegt ein sog. Rechtsmangel (§ 435 BGB) vor, der Verkäufer haftet nach den Vorschriften des § 437 BGB, d.h. der Käufer darf Nacherfüllung oder bei Vorliegen weiterer Voraussetzungen Schadensersatz verlangen bzw. den Rücktritt erklären oder den Kaufpreis mindern.

Hat ein Kaufgegenstand bei Übergabe nicht die vereinbarte Beschaffenheit, spricht man von einem Sachmangel. Haben die Parteien keine vertragliche Bestimmung über die Beschaffenheit der Sache getroffen, wird auf die Eignung für die nach dem Vertrag vorausgesetzte Verwendung oder auf die Beschaffenheit vergleichbarer Sachen abgestellt (§ 434 Abs. 1 BGB).

Die Beschaffenheit ist mit dem tatsächlichen Zustand der Sache gleichzusetzen. Erfasst werden die der Sache anhaftenden tatsächlichen, wirtschaftlichen oder rechtlichen Umstände. Zur Beschaffenheit gehören auch die Eigenschaften, die der Käufer der Werbung zufolge erwarten durfte. Neben Montagefehlern begründen zudem mangelhafte Montageanleitungen einen Sachmangel. Schließlich steht einem Sachmangel gleich, wenn der Verkäufer eine andere Sache oder eine zu geringe Menge liefert.

Der Sachmangel muss im Zeitpunkt des Gefahrübergangs (§ 446 Abs. 1 BGB), d.h. in der Regel bei der Übergabe vorhanden sein. Sonderregeln des Gefahrübergangs sehen die §§ 446 Satz 2, 447 BGB und andere Vorschriften in Sondergesetzen vor (z.B. Falsch- oder Zuweniglieferung gem. §§ 377 ff. HGB).

Liegt ein Sachmangel vor, kommen die Gewährleistungsrechte zur Anwendung (§ 437 BGB). Der Käufer kann zunächst nur Nacherfüllung verlangen, d.h. er hat Anspruch auf Beseitigung des Mangels oder Lieferung einer mangelfreien Sache (§ 439 BGB). Hat er dem Verkäufer erfolglos eine angemessene Frist zur Nacherfüllung gesetzt oder ist die Nacherfüllung zweimal fehlgeschlagen bzw. unzumutbar, kann der Käufer vom Vertrag zurücktreten (§ 323 BGB) oder den Kaufpreis mindern (§ 441 BGB). Der Rücktritt vom Vertrag und die Minderung des Kaufpreises erfolgen durch Erklärung gegenüber dem Verkäufer (§ 349 BGB bzw. § 441 BGB).

Nach Erklärung der Minderung bestimmt sich der Kaufpreis nach § 441 Abs. 3 BGB; es wird also nicht nur der Wert der mangelhaften Sache geschuldet.

Beispiel 11:
> V hat dem K ein Tafelservice günstig für EUR 500,00 verkauft. K mindert wegen eines Mangels. V ist einverstanden und verlangt den Wert des mangelhaften Services von EUR 400,00. K meint, weil das mangelfreie Tafelservice einen wirklichen Wert von EUR 800,00 hat, müsse er weniger zahlen. Nach der Formel des § 441 BGB bestimmt sich der Wert wie folgt: Wert mit Mangel (400) x vereinbarter Kaufpreis (500): Wert ohne Mangel (800) = geminderter Kaufpreis (250).

Hat der Verkäufer den Sachmangel zu vertreten, d.h. eine ihm obliegende Pflicht verletzt, kann der Käufer stattdessen Schadensersatz (§§ 280 f. BGB) oder Ersatz der vergeblichen Aufwendungen (§ 284 BGB) verlangen. Er kann den Mangelschaden geltend machen, das ist der Schaden, der darin liegt, dass der Käufer infolge des Mangels schlechter steht. Behält der Käufer beispielsweise die ihm übereignete mangelhafte Sache, kann er den Ersatz der Reparaturkosten verlangen. Gibt er die mangelhafte Sache zurück bzw. lehnt er die Annahme ab, kann er Ersatz desjenigen Schadens verlangen, der ihm infolge der Nichtdurchführung des Vertrages entstanden ist (z.B. Erstattung des durch einen Weiterverkauf erzielbaren höheren Erlöses).

Es kann auch zu Leistungsstörungen auf der Käuferseite kommen. Zahlt der Käufer den vereinbarten Kaufpreis nicht oder nimmt er die Kaufsache nicht ab, so kann der Verkäufer Erfüllung verlangen, soweit er sich selbst vertragsgemäß verhält. Im Falle des Verzugs hat der Käufer auch den Verspätungsschaden zu ersetzen.

2.6 Werkvertrag

Ein weiterer, in der Praxis sehr häufig vorkommender Vertrag ist der Werkvertrag, der in den §§ 613-651 BGB gesetzlich geregelt ist. Durch den

Werkvertrag verpflichtet sich der (Werk-)Unternehmer zur Herstellung eines versprochenen Werks. Im Gegensatz zum Dienstvertrag nach § 611 schuldet der Werkunternehmer ein bestimmtes Arbeitsergebnis, d.h. die Herbeiführung eines Erfolges. Das Arbeitsergebnis wird meistens in der Herstellung eines körperlichen Arbeitsproduktes liegen, es kann aber auch die Verpflichtung zur Anpassung von Software an spezielle Anforderungen des Anwenders Gegenstand eines Werkvertrags sein. Der Besteller ist im Gegenzug verpflichtet, nach Abnahme des Werks die vereinbarte Vergütung zu zahlen.

Schuldet der Werkunternehmer die Herstellung und Lieferung einer beweglichen Sache, handelt es sich um einen „Werklieferungsvertrag". Nach § 651 BGB finden auf einen solchen Vertrag die Vorschriften des Kaufvertrags Anwendung. Wird beispielsweise die Herstellung und Lieferung eines Kleiderschrankes geschuldet, gelten die Vorschriften des Kaufvertrags. Hat der Unternehmer sich hingegen zum Einbau von neuen Fenstern in ein Wohnhaus verpflichtet, sind die Vorschriften des Werkvertrags anzuwenden.

Das Werk ist nach § 633 frei von Sachmängeln herzustellen. Der Mangelbegriff des § 633 BGB deckt sich im Wesentlichen mit dem des Kaufrechts. Hat ein Werk nicht die vereinbarte Beschaffenheit, kann der Besteller die Abnahme verweigern. Stellt sich nach Abnahme heraus, dass das Werk mangelhaft ist, kann der Besteller die in § 634 BGB geregelten Gewährleistungsrechte geltend machen. Der Besteller kann zunächst auch hier nur Nacherfüllung verlangen, d.h. er hat Anspruch auf Beseitigung des Mangels oder auf Herstellung eines neuen Werks (§ 635 BGB). Hat er dem Unternehmer erfolglos eine angemessene Frist zur Nacherfüllung gesetzt, kann der Besteller den Mangel selbst beseitigen und den Ersatz der erforderlichen Aufwendungen verlangen (§ 637 BGB), vom Vertrag zurücktreten (§ 636 BGB), den Werklohn mindern (§ 638 BGB), Schadensersatz oder Ersatz seiner vergeblichen Aufwendungen (§ 634 Nr. 4 BGB) verlangen.

2.7 Dienstvertrag

Der Dienstvertrag, geregelt in den §§ 611-630 BGB, ist ein gegenseitiger Vertrag, durch den ein Vertragspartner zur Leistung der versprochenen Dienste (Dienstverpflichteter), der andere Vertragspartner zur Leistung der vereinbarten Vergütung (Dienstberechtigter) verpflichtet wird. Wird ein Dienstvertrag zwischen einem Arbeitnehmer und einem Arbeitgeber geschlossen, spricht man von einem Arbeitsvertrag. Auf dieses besonders ausgestaltete Dienstverhältnis finden neben den allgemeinen Regelungen des BGB zahlreiche Sondergesetze Anwendung, die vorwiegend dem Schutz des Arbeitnehmers dienen, wie beispielsweise das Kündigungsschutzgesetz.

Ist die vom Dienstverpflichteten erbrachte Tätigkeit mangelhaft, kann der Dienstberechtigte die Vergütung nicht mindern. Es wurde im Gegensatz zum Werkvertrag kein bestimmter Erfolg geleistet. Erst wenn dem Dienstberechtigten ein Schaden durch das Verhalten seines Dienstverpflichteten entstanden ist, kann er Schadensersatz verlangen.

2.8 Grundzüge des Schadensersatzrechts

Für sämtliche Ansprüche, die zu Schadensersatz führen, ob aus Vertrag, unerlaubter Handlung oder sonstigen Garantie- und/oder Gefährdungstatbeständen, ist die Art, der Inhalt und der Umfang in den §§ 249 ff. BGB geregelt.

2.8.1 Grundgedanke und Schadensbegriff

Das Schadensersatzrecht stellt den Ausgleichsgedanken in den Vordergrund und bestimmt in § 249 S.1 BGB, dass der Zustand wieder herzustellen ist, der bestehen würde, wenn der zum Ersatz verpflichtende Umstand nicht eingetreten wäre. Der Schadensersatz hat demnach keinen Strafcharakter.

Der Schadenbegriff des BGB erfasst materielle (§§ 249-252 BGB) und immaterielle Schäden (§ 253 BGB). Vermögensschäden werden grundsätzlich durch eine Gegenüberstellung vom Ist-Zustand (tatsächlicher Vermögenswert mit Schadensereignis) mit dem gedachten Soll-Zustand (ohne Schadensereignis) ermittelt (Differenztheorie). In Einzelfällen wurden weitere Wertungsgesichtspunkte entwickelt. Die Betrachtung der Differenztheorie und vereinzelter Einzelfallgestaltungen wird heute als der dualistische Schadensbegriff erfasst.

Bei bestimmten Vermögenswerten entsteht bereits durch Beeinträchtigung oder Entzug ein Schaden, der durch eine entgeltliche Ersatzbeschaffung ausgeglichen werden kann (sog. Kommerzialisierungsgedanke).

Beispiel 12:
> Nach einem Verkehrsunfall ist der PKW des Geschädigten G zwei Wochen nicht nutzbar. G nimmt keinen Mietwagen. Eigentlich ist die bloße Nutzungsmöglichkeit kein eigenständiger Vermögenswert, sondern ein immaterieller Nachteil, der nach § 253 BGB nur in gesetzlich bestimmten Fällen auszugleichen ist (z.B. Schmerzensgeld gemäß § 847 BGB). Eine Nutzungsausfallentschädigung kommt nach der Rechtsprechung des BGH immer dann (ausnahmsweise) in Betracht, wenn es sich um ein Wirtschaftsgut von allgemeiner, zentraler Bedeutung handelt, auf dessen ständiger Verfügbarkeit die eigenwirtschaftliche Lebenshaltung typischerweise angewiesen ist. Dies ist für den PKW anerkannt. G kann also auch eine Nutzungsentschädigung für zwei Wochen vom Schädiger verlangen.

2.8.2 Unmittelbarer und mittelbarer Schaden

Wird das geschützte Rechtsgut selbst beschädigt oder beeinträchtigt, liegt ein unmittelbarer Schaden vor. Ist Geldersatz zu leisten, sind die Wiederbeschaffungs- bzw. die Wiederherstellungskosten zu ersetzen. Ein nach Reparatur etwa verbleibender merkantiler oder technischer Minderwert ist ebenfalls zu ersetzen und gehört zum unmittelbaren Schaden.

Folgeschäden, also Schäden die sich erst aufgrund der Schadenshandlung vertiefend am geschützten Rechtsgut bilden oder an anderen Rechtsgütern entstehen, werden als mittelbare Schäden bzw. Vermögensfolgeschäden bezeichnet. Sie sind dann zu ersetzen, wenn es das Gesetz ausdrücklich vorsieht (z.B. entgangener Gewinn in § 252 BGB) oder der Ersatz vom Schutzzweck der Norm erfasst wird.

2.8.3 Nichterfüllungs- und Vertrauensschaden

Wird gegen eine Leistungspflicht verstoßen, die gerade den Erfolg der Leistung statuiert, also auf Leistungserfüllung gehaftet wird, führt ein Verstoß dazu, dass der Verletzte so gestellt wird, als ob der Verpflichtete ordnungsgemäß seinen Leistungsverpflichtungen nachgekommen wäre (sog. Erfüllungsschaden oder positives Interesse). Der Schadensersatz wegen Nichterfüllung geht in der Regel immer auf Leistung von Geld.

Ergibt sich eine Ersatzpflicht wegen einer Handlung bzw. wegen eines Unterlassens, die der Geschädigte nicht erwarten musste und gerade auf den Nichteintritt oder die Vornahme einer Handlung vertrauen durfte, wird der Geschädigte so gestellt, als hätte der Verletzer die schädigende Handlung unterlassen bzw. die gebotene Handlung vorgenommen (Vertrauensschaden oder negatives Interesse). Im Zweifel ist auch hier auf den Schutzgehalt der jeweiligen Norm abzustellen.

Beispiel 13:
> Schließt der Käufer mit dem Verkäufer einen Kaufvertrag zum Preis von EUR 100,00 ab und hat er die Ware für EUR 250,00 weiterverkauft, liegt bei verschuldeter Nichtlieferung der Ware durch den Verkäufer ein Schaden in Höhe von EUR 150,00 vor, wenn das Weiterveräußerungsgeschäft scheitert. Kauft der Käufer etwa Ersatzware für EUR 150,00, um das Weiterveräußerungsgeschäft erfüllen zu können, beträgt der Schadensersatzanspruch gegen den Käufer EUR 50,00. Konnte der Verkäufer den Kaufvertrag gemäß § 119 Abs. 1 BGB anfechten, dann hat der dem Käufer den Vertrauensschaden nach § 122 BGB zu ersetzen. Hatte der Käufer z.B. Aufwendungen für Reisen,

Porto, Telefon etc., die unmittelbar mit dem Kaufvertrag in Zusammenhang stehen, sind diese zu ersetzen.

2.8.4 Kausalität

Nicht jede Handlung, die im weitesten Sinne in irgendeinem Zusammenhang mit dem Schadensereignis steht, führt zur Schadensersatzpflicht. Maßgeblich ist zwar die Verursachungsformel „condicio-sine-qua-non", d.h. eine Handlung ist dann ursächlich, wenn der Schaden ohne die Handlung nicht eingetreten wäre (Wegfall des Schadens, wenn die Handlung hinweggedacht wird). Diese Formel allein würde jedoch das Schadensersatzrecht erheblich und im Übermaß ausweiten. Deshalb gilt im Schadensersatzrecht des Zivilrechts die Korrektur durch die sog. Adäquanztheorie, die versucht, völlig unwahrscheinliche Kausalverläufe auszuscheiden. Hiernach muss die Handlung äquivalent kausal zu dem eingetretenen Schaden geführt haben.

2.8.5 Schadensberechnung

Der Schaden ist grundsätzlich konkret zu berechnen. Zu ersetzen ist das volle wirtschaftliche Interesse, nicht das sog. Affektionsinteresse. §§ 250 und 251 BGB begründen die Ersatzpflicht in Geld unter bestimmten Voraussetzungen. § 252 S.2 BGB sieht als (Beweis-)Erleichterung die Geltendmachung abstrakten Schadensersatzes vor.
Der Geschädigte hat sich beim Schadensersatz sämtliche Vermögensvorteile anrechnen zu lassen, die mit dem Schadensereignis zusammenhängen (z.B. sog. Abzug neu für alt).

2.8.6 Verschulden und Mitverschulden

Eine Schadensersatzverpflichtung setzt in der Regel ein Verschulden des Verletzers voraus, soweit nicht ausdrücklich eine Garantiehaftung (Haftung ohne Verschulden, Gefährdungshaftung) statuiert ist.

In § 254 BGB ist geregelt, dass die Verpflichtung zum Schadensersatz vom Umfang des Mitverschuldens abhängt, wenn der Geschädigte bei der Entstehung des Schadens mitgewirkt hat. Das Mitverschulden kann bis zu 100 % betragen, so dass Schadensersatz völlig entfällt. In typisierten Fällen führt die Aussetzung einer Sach- und Betriebsgefahr bereits zu einem (widerlegbaren) Mitverschulden.

Beispiel 14:
> Den Fahrer eines PKW im Straßenverkehr trifft eine gesetzliche Gefährdungshaftung (vgl. § 7 StVG). Verschuldet z.B. ein Fußgänger oder Fahrradfahrer einen Unfall im Straßenverkehr, wird dem PKW-Fahrer in der Regel ein Mitverschulden zugerechnet, weil er durch die Inbetriebnahme des PKW bereits ein erhöhtes Gefahrenmoment verursacht hat, das eine Anwendung von § 254 BGB rechtfertigt. Die Höhe des Mitverschuldens ergibt sich aus den konkreten Umständen des Einzelfalls, insbesondere konkreter gefahrerhöhenden Handlungen des Autofahrers (z.B. Trunkenheitsfahrt u.ä.).

2.9 Grundzüge des Bereicherungsrechts

Soweit ein Rechtserwerb nach den einschlägigen Regeln rechtsgültig vollzogen wurde, jedoch zu Lasten des Benachteiligten eine Berechtigung nicht oder nicht mehr besteht, führt das Bereicherungsrecht zu einem interessengerechten Rückführungs- und Ausgleichsanspruch. Die §§ 812 ff. BGB regeln dabei die Grundgedanken und häufigsten Fälle. Soweit in einzelnen Rechtsgebieten ausdrücklich auf das Bereicherungsrecht des BGB verwiesen wird, kommt eine entsprechende Anwendung in Betracht, wobei genau zu unterscheiden ist, ob die Regelung einen eigenständigen Tatbestand erfasst und lediglich auf die Rechtsfolgen des Bereicherungsrechts (Rechtsfolgenverweisung) oder grundsätzlich auf das Bereicherungsrecht (Rechtsgrundverweisung) verweist. Bereicherungsansprüche sind dann nicht einschlägig, wenn Spezialregeln diese ausdrücklich ausschließen.

Voraussetzung für einen Bereicherungsanspruch nach §§ 812 ff. BGB ist, dass der Anspruchsgegner etwas erlangt hat. Darunter wird jeder Vermögensvorteil verstanden. Im Rahmen von gegenseitigen Verträgen ist das Erlangte in der Regel genau der geschuldete Gegenstand.

Im Rahmen der sog. Leistungskondiktion muss das Erlangte durch Leistung des Anspruchstellers ohne Rechtsgrund an den Anspruchsgegner gekommen sein. Leistung ist die bewusste und zweckgerichtete Vermehrung fremden Vermögens. Bei gegenseitigen Verträgen liegt regelmäßig eine Leistung vor, weil der Anspruchsteller in Erfüllung oder in Begründung eines Schuldverhältnisses handelt. Dieser Leistungszweck wird von § 812 Abs. 1 Satz 1 1.Alt. BGB (ein Rechtsgrund fehlt von Anfang an), § 812 Abs. 1 Satz 2 1. Alt. BGB (der Rechtsgrund fällt später weg), § 813 BGB (die Verbindlichkeit ist einredebehaftet) und von § 817 Satz 1 BGB (es liegt eine gesetzes- oder sittenwidrige Verbindlichkeit vor) erfasst.

Beispiel 15:
> Es wird ein Kaufvertrag über ein Auto abgeschlossen, bei dem der Verkäufer den Käufer über die Eigenschaften des Autos arglistig täuscht. Der Käufer merkt dies jedoch erst, nachdem er den Kaufpreis bezahlt hat. Der Kaufvertrag wird wirksam angefochten und damit von Anfang an unwirksam (§ 142 BGB). Da kein Kaufvertrag mehr vorhanden ist, besteht auch kein Anspruch auf Bezahlung des Kaufpreises nach § 433 Abs. 2 BGB. Da der Kaufvertrag als Rechtsgrund für das Einfordern des Kaufvertrages erst später durch die Anfechtung entfallen ist, hat der Käufer zunächst in Erfüllung des Kaufvertrages an den Käufer gezahlt. Der Rechtsgrund ist durch die Anfechtung später weggefallen, der Verkäufer ist ungerechtfertigt bereichert und hat das erlangte Geld gem. § 812 Abs. 1 BGB wieder an den Käufer herauszugeben.

Soweit nicht in Erfüllung einer Verbindlichkeit geleistet wird, wird die rechtsgrundlose Bereicherung durch § 812 Abs. 1 Satz 2, 2. Alt. BGB (ein bezweckter sonstiger Erfolg ist nicht eingetreten) oder § 817 Satz 2 BGB (es liegt ein sonstiger sitten- oder gesetzeswidriger Zweck vor) geregelt.

Bei den sog. Nichtleistungskondiktionen wird die Verfügung eines Nichtberechtigten (§ 816 Abs. 1 BGB), die Verfügung an einen Nichtberechtigten (§ 816 Abs. 2 BGB), die unentgeltliche Weitergabe des Empfängers der Bereicherung an einen Dritten (§ 822 BGB) und als Generalklausel der Erwerb in sonstiger Weise (§ 812 Abs. 1 Satz 1 2. Alt BGB) geregelt.

Beispiel 16:
> Dem Bauern B werden 20 Säcke Kartoffeln vom Feld gestohlen und in der Küche des P verarbeitet. P hat dem B den Wert der Kartoffeln zu ersetzen, da P durch die Verarbeitung in das Eigentum des B eingegriffen hat.

Rechtsfolge der Bereicherung ohne rechtlichen Grund ist in der Regel die Herausgabeverpflichtung des Erlangten an den Entreicherten (§ 818 BGB). Bei Unmöglichkeit der Herausgabe ist Wertersatz zu leisten. Soweit der Bereicherte entreichert ist, sich der Bereicherungsgegenstand oder dessen Wert nicht mehr beim Bereicherten befindet, liegt ein Wegfall der Bereicherung vor (§ 818 Abs. 3 BGB). Darauf kann sich der Bereicherte nicht berufen, wenn er für die Bereicherung etwas anderes erlangt oder eigene Aufwendungen erspart hat, soweit nicht eine außergewöhnliche Vermögensverschiebung vorliegt, die der Bereicherte ohne die konkrete Bereicherung nicht getätigt hätte.

Im Falle der Rückabwicklung gegenseitiger Verträge (wenn dieser z.B. wirksam angefochten wurde und als Rechtsgrund für die gegenseitigen Leistungen wegfällt) wurde in der Literatur und Rechtsprechung die sog. Abwicklung nach der Saldotheorie entwickelt. Danach sind gleichartige Bereicherungsansprüche zu saldieren und die begünstigte Partei kann den positiven Saldo heraus verlangen.

Beispiel 17:
> V hat dem K ein Service für EUR 250,00 verkauft, das aber nur EUR 175,00 wert war. K hat den Kaufpreis bezahlt. Es stellt sich heraus, dass der Kaufvertrag nichtig ist. Der K lässt aus Unachtsamkeit das Service auf den Boden fallen. Wegen der Nichtigkeit des Kaufvertrages kann der K den Kaufpreis zurückverlangen. Gleichzeitig ist aber

der K verpflichtet, den Kaufgegenstand zurückzugeben, da die Nichtigkeit auch den Rechtsgrund des Behaltendürfens der Kaufsache beseitigt. Da das Service kaputt ist, hat K Wertersatz zu leisten (§ 818 Abs. 2 BGB). Es stehen sich zwei Geldforderungen gegenüber, die saldiert werden können. Vom Kaufpreis ist daher der Wert der Kaufsache abzuziehen, so dass K nur den Saldo in Höhe von EUR 75,00 verlangen kann. V hat keinen Bereicherungsanspruch.

Übungsaufgaben zum 2. Kapitel

Aufgabe 2.1:
Zeigen Sie anhand der wesentlichen Merkmale auf, wie ein Rechtsgeschäft zustande kommt und berücksichtigen Sie dabei verschiedene Typen von Rechtsgeschäften. Lösen Sie sodann gutachterlich die folgenden Übungsaufgaben:

Aufgabe 2.2:
Anton A sieht im Schaufenster des Elektrogeschäfts E einen Fernseher, vor dem sich ein Schild befindet, das einen Kaufpreis von EUR 400,00 ausweist. Er geht in das Geschäft und verlangt den Fernseher für EUR 400,00. E erklärt, dass es sich um ein Versehen handele, da das Preisschild den neben dem Fernseher stehenden Videorekorder betrifft. Kann A die Übereignung des Fernsehers gegen Zahlung von EUR 400,00 verlangen?

Aufgabe 2.3:
B geht in das Klaviergeschäft K und will ein Klavier kaufen. Nach umfangreicher Beratung kann sich B zwischen drei Klavieren nicht entscheiden. Er erklärt, dass er eines von den drei Klavieren jedenfalls kauft, bittet den K jedoch, eines für ihn herauszusuchen. Er werde das Klavier, welches K gewählt hat, am nächsten Tag abholen und bezahlen. Beim Lagerfeuer am Abend desselben Tages entscheidet B, doch lieber eine Gitarre zu kaufen. K verlangt am nächsten Tag jedoch Abnahme und Bezahlung des von ihm herausgesuchten Klaviers. Zu Recht?

Aufgabe 2.4:
Familie F beschließt am Wochenende im Familienkreis den vor vielen Jahren vom Familienvater V erworbenen Fernseher zu verkaufen. Der geschäftstüchtige 12-jährige Sohn S schließt am Montag mit seinem Lehrer L daraufhin einen Kaufvertrag über den Fernseher. Am Dienstag verkauft er denselben Fernseher seinem 18-jährigen Freund F; am Dienstagabend erklärt sich V damit einverstanden und übergibt den Fernseher sofort an F. Mutter M verkauft den Fernseher in Unkenntnis dieser Vorgänge am Mittwoch an die Freundin K. Wem gehört der Fernseher?

Aufgabe 2.5:
K kauft von V ein Grundstück. Während der Verkaufsverhandlungen gingen beide davon aus, dass das Grundstück ca. 800 qm groß ist. K hatte sich insgeheim vorgenommen, nicht mehr als EUR 500,00/qm auszugeben. Er hat deshalb mit V einen Kaufpreis von EUR 400.000,00 verhandelt. Nach Abschluss des notariellen Kaufvertrages stellt sich heraus, dass das Grundstück nur 700 qm groß ist. Muss K EUR 400.000,00 für das Grundstück bezahlen?

Aufgabe 2.6:
K bestellt bei V zehn Tonnen Nägel zu einem bestimmten Preis mit dem Hinweis, dass Erfüllungsort der Lieferung bei K sein soll und fügt seine Allgemeinen Einkaufsbedingungen der Bestellung bei, denen zu entnehmen ist, dass alle Lieferkosten den Verkäufer treffen. V bestätigt die Bestellung unter ausdrücklicher Einbeziehung seiner Allgemeinen Verkaufsbedingungen, wonach alle Preise ab Lager gelten. Kurz vor Auslieferung bittet K den V, die Nägel direkt an einen befreundeten Fabrikanten F zu

liefern. V liefert dementsprechend aus und stellt K die Nägel nebst Transportkosten in Rechnung. Durch die Lieferung an F sind Transportmehrkosten von EUR 250,00 entstanden. Muss K die gesamten Transportkosten bezahlen?

Aufgabe 2.7:
Welche Bedeutung haben Auslegungsmethoden und welche Methoden kennen Sie?

Aufgabe 2.8:
Skizzieren Sie die wesentlichen Rechte und Pflichten von Käufer und Verkäufer nach dem BGB.

Lösen Sie sodann die folgenden Aufgaben gutachterlich:

Aufgabe 2.9:
A bietet dem B den Kauf eines Autos für EUR 17.500,00 an. B sagt den Kauf zu einem Preis von EUR 16.000,00 zu. A lehnt ab und verkauft daraufhin an C zu EUR 18.000,00. Jetzt will B den Wagen doch für EUR 17.500,00 abnehmen. Kann B den Verkauf an sich verlangen?

Aufgabe 2.10:
Egon A betreibt ein Geschäft unter „A-Einzelhandel". Er überträgt das Geschäft vollständig auf seinen Bruder Willi A, der das Geschäft unter „A-Einzelhandel" fortführt. Egon bestellt mit Wissen von Willi im Namen von „A-Einzelhandel" weiterhin Waren für private Zwecke, weil er sie so billiger bekommt. Egon schließt u.a. einen Kaufvertrag über einen neuen Computer mit der aus früheren Geschäften bekannten B-GmbH ab. Wen kann die B-GmbH auf Zahlung in Anspruch nehmen?

Aufgabe 2.11:
K kauft von S eine Forderung, die letzterer gegen H in Höhe von EUR 2.500,00 hat. Welche Rechte hat K, wenn sich herausstellt, dass
a) H kein Geld und kein Vermögen hat?
b) H seine Schulden bei S schon vor einem Jahr beglichen hat?

Aufgabe 2.12:
Welche Rechte stehen den Vertragsparteien eines Kaufvertrages zu, wenn Leistungsstörungen auftreten?
Lösen Sie nach Angabe der wesentlichen Rechtsinstitute bei Leistungsstörungen noch folgende Übungsaufgaben gutachterlich:

Aufgabe 2.13:
K kauft von V mit notariellem Kaufvertrag am 1.4.1999 sämtliche Geschäftsanteile einer GmbH für EUR 50.000,00. Grundlage der Kaufpreisermittlung war u.a. das Anlagevermögen der GmbH. Nach Anzahlung von 50% des Kaufpreises stellt sich heraus, dass wesentliche Teile des Anlagevermögens unbrauchbar sind; V wusste davon nichts. K erklärt Minderung

und verlangt EUR 15.000,00 zurück, weil der geminderte Kaufpreis lediglich EUR 10.000,00 beträgt (dies ist richtig berechnet). Nachdem V nichts von sich hören lässt, erhebt K am 15.11.1998 Zahlungsklage. V erhebt die Einrede der Verjährung. Hat die Klage Aussicht auf Erfolg?

Aufgabe 2.14:
K kauft in der Galerie des V einen Nachdruck eines bekannten Bildes. V will es auf dem Weg nach Hause bei K vorbeibringen und stellt es in seinen offenen Lieferwagen. Als V an einer Ampel anhält, entwenden Unbekannte das Bild. V verlangt trotzdem von K den Kaufpreis, K verlangt zunächst die Lieferung eines neuen Bildes. Wie ist die Rechtslage?

Aufgabe 2.15:
Der Privatmann P bestellt beim Einzelhändler E einen Karton Öko-Speiseöl, da er für ein Gartenfest mehrere Öko-Pizzen backen will. E liefert versehentlich normales Speiseöl. Nachdem der P dies kurz vor dem Gartenfest merkt, schickt er das Öl zurück und erklärt, weil das Gartenfest leider ausfallen muss, dass er nunmehr gar kein Öl mehr brauche, die Rechnung nicht bezahlen werde und für ihn die Angelegenheit damit erledigt sei. E liefert am selben Tag das Öko-Speiseöl und verlangt Bezahlung. Zu Recht?

Aufgabe 2.16:
V verkauft K einen neuen Pkw für EUR 12.500.00. Er nimmt den gebrauchten Wagen des K in Höhe von EUR 1.000,00 als „Anzahlung" entgegen, nachdem er ihn umfangreich untersucht hat. Nach Abschluss des Kaufvertrages wird der gebrauchte Wagen an V nebst Papieren übergeben.

Eine Woche später teilt dieser dem K mit, dass die Reparatur der bei der Untersuchung festgestellten Mängel doch zu teuer sei und er auf die Anzahlung durch den gebrauchten Wagen nun verzichten will. K verweigert die Rücknahme seines gebrauchten Autos. Nachdem V die Übereignung des neuen Wagens gegen Zahlung von lediglich EUR 11.500,00 endgültig abgelehnt hat, kauft sich K den gleichen Neuwagen bei einem anderen Händler ebenfalls für EUR 12.500,00 und verlangt von V die Zahlung von EUR 1.000,00. Zu Recht?

Aufgabe 2.17:
K bestellt aus dem Katalog des Großhändlers G 200 Hosen zu EUR 10,00/Hose, lieferbar am 14.03.2002, und zahlt EUR 500,00 an. Die Lieferung erfolgte am 13.03.2002. Bei der Überprüfung stellte sich heraus, dass bei fast allen Hosen die Nähte defekt waren. Die Lieferung ging zurück und G lieferte erneut 200 Hosen am 01.04.2002. Drei Wochen nach Lieferung stellt sich heraus, dass auch bei diesen Hosen die Nähte völlig offen waren. K gab die Hosen zurück und „stornierte" den Auftrag unter Rückforderung der Anzahlung. Außerdem verlangt K EUR 75,00 Schadensersatz weil er für den 14.03.2002 den Weitertransport geplant hatte; das Transportunternehmen hat EUR 75,00 Bereitstellungskosten berechnet. Sind die Ansprüche des K gerechtfertigt?

Aufgabe 2.18:
Erläutern Sie den Schadensbegriff des BGB. Lösen Sie dann die folgenden Aufgaben gutachterlich:

Aufgabe 2.19:
Die Autowerkstatt W repariert das Fahrzeug des A nicht rechtzeitig, so dass A einen Geschäftstermin nicht wahrnehmen kann und ihm ein Gewinn von EUR 2.500,00 entgeht. A hatte das Fahrzeug mit Hinweis auf den Termin abgegeben und die W pünktliche Fertigstellung zugesagt. Nachdem A zwei Stunden später losfahren kann, kommt es zu einem Verkehrsunfall, bei dem dem A ein Schaden von EUR 1.500,00 entsteht. Kann A von W Ersatz i.H.v. EUR 4.000,00 verlangen?

Aufgabe 2.20:
K kauft ein Mietshaus von V, der wahrheitswidrig zusichert, dass Mieteinnahmen von EUR 10.000,00 monatlich eingehen. Nachdem K das Haus erkennbar wegen dieser Mieteinnahmen gekauft hat, stellt sich heraus, dass die monatlichen Mieteinnahmen nur EUR 7.500,00 betragen. Dadurch entsteht K ein Schaden in Höhe von EUR 1.500,00. Muss V diesen Schaden ersetzen?

Aufgabe 2.21:
Zeigen Sie anhand der Tatbestandsvoraussetzungen der Anspruchsgrundlagen den wesentlichen Grundgedanken des Bereicherungsrechtes auf.

Lösen Sie dann die folgenden Aufgaben gutachterlich:

Aufgabe 2.22:
A kauft von B eine Maschine unter Vereinbarung bestimmter Eigenschaften für EUR 10.000,00. B bezahlt die Maschine und setzt sie wenig später ein. Es zeigt sich, dass die vereinbarten Eigenschaften nicht vorhanden sind. Ohne Verschulden des A wird die Maschine beim Einsatz erheblich beschädigt und hat nur noch einen Schrottwert von EUR 2.500,00. Es stellt sich sodann heraus, dass der Kaufvertrag von Anfang an nichtig war. Muss B den Kaufpreis zurückzahlen?

Aufgabe 2.23:
A verkauft an B einen Gegenstand, der einen Wert von EUR 1.000,00 hat. B verkauft den Gegenstand für EUR 1.250,00 an C. Es stellt sich heraus, dass beide Kaufverträge unwirksam sind. Welche Ansprüche haben A und B?

3. Handelsrecht

3.1 Überblick

Während das bürgerliche Gesetzbuch die Grundregelungen hinsichtlich des Zustandekommens eines Vertrages und über diejenigen Verträge, wie sie für alle am Rechtsverkehr Teilnehmenden gelten, zur Verfügung stellt, enthält das Handelsrecht die für Kaufleute (Gewerbetreibende) im Besonderen geltenden Vorschriften.

Kennzeichnend für das Handelsgesetzbuch sind die besonderen Vollmachtsregelungen wie bspw. Prokura und Handlungsvollmacht, die Vorschriften über die Begründung von Handelsgesellschaften und über Handelsgeschäfte. Außerdem sind im Handelsgesetzbuch noch die Handelsbücher geregelt, aus denen sich die besonderen handelsrechtlichen Bilanzierungs- und Prüfungsvorschriften ergeben. Dieser Abschnitt ist 1985 aufgrund einer umgesetzten EU-Richtlinie im Rahmen des Bilanzrichtliniegesetzes erheblich erweitert worden.

Das Handelsgesetz gliedert sich in vier Bücher auf:

Erstes Buch Handelsstand (§§ 1 – 104 HGB)

Zweites Buch Handelsgesellschaften und Stille Gesellschaften (§§ 105 –237 HGB)

Drittes Buch Handelsbücher (§§ 238 – 342a HGB)

Viertes Buch Handelsgeschäfte (§§ 343 – 475a HGB)

Fünftes Buch Seehandel (§§ 476 – 905 HGB)

Die für die Praxis wichtigen Teile sind die Vorschriften über den Handelsstand, die Handelsgesellschaften und die Handelsgeschäfte, auf die im Folgenden näher eingegangen wird.

3.2 Der Kaufmannsbegriff

Aufgrund des Handelsrechtsreformgesetzes vom 22.06.1998 ist der Kaufmannsbegriff vollständig neu definiert worden. Gemäß § 1 HGB ist Kaufmann i.S.d. Handelsgesetzbuches, wer ein Handelsgewerbe betreibt. Ein Handelsgewerbe wiederum ist jeder Gewerbebetrieb, es sei denn, dass das Unternehmen nach Art oder Umfang einen in kaufmännischer Weise eingerichteten Geschäftsbetrieb nicht erfordert.

Diese Regelung führt dazu, dass grundsätzlich jeder Gewerbetreibende zunächst Kaufmann i.S.d. Handelsgesetzbuches ist. Wer nicht unter die Vorschriften des Handelsgesetzbuches fallen möchte, muss nachweisen, das er einen nach Art oder Umfang in kaufmännischer Weise eingerichteten Geschäftsbetrieb nicht benötigt.

Gewerbe ist nach herrschender Meinung definiert als eine äußerlich erkennbare, selbstständige, planmäßig auf gewisse Dauer, zum Zwecke der Gewinnerzielung ausgeübte Tätigkeit, die nicht freier Beruf ist.

Dies bedeutet im Einzelnen:

Die Tätigkeit muss nach außen in Erscheinung treten, darf also nicht nur im privaten Bereich ohne Erkennbarkeit für außenstehende Dritte ausgeübt werden.

Es muss eine rechtliche, nicht notwendigerweise wirtschaftliche Selbstständigkeit vorliegen. Die Abgrenzung zur unselbstständigen Tätigkeit ergibt sich aus den Vorschriften für den Handelsvertreter gemäß § 84 Abs. 1 S. 2 HGB, wonach eine Person selbstständig ist, wenn sie im wesentlichen frei ihre Tätigkeit gestalten und ihre Arbeitszeit bestimmen kann.

Das Gewerbe muss planmäßig auf gewisse Dauer ausgeübt werden. Dies erfordert eine laufende und nicht nur gelegentliche Tätigkeit.

Die Tätigkeit muss mit Gewinnerzielung ausgeübt werden. Der Gewerbetreibende muss das Ziel verfolgen, einen Überschuss der Einnahmen über die Ausgaben zu erzielen. Deshalb ist z.B. eine Pferdezucht, die regelmäßig Verluste erwirtschaftet, kein Gewerbebetrieb, sondern sog. Liebhaberei.

Schließlich darf die Tätigkeit nicht als eine der freien Berufe gelten, da diese gerade keine Gewerbetreibenden und damit keine Kaufleute i.S.d. Handelsgesetzbuches sind. Zu den freien Berufen gehören unter anderem Ärzte, Zahnärzte, Rechtsanwälte, Steuerberater, Architekten, Krankengymnasten, Dolmetscher, auch die Hebamme, etc. (vgl. § 18 Abs. 1 EStG, aus dem sich die sog. Katalogberufe ergeben); neben den im Gesetz ausdrücklich aufgeführten freien Berufen gibt es dann noch die sog. ähnlichen Berufen.

Neben dem Istkaufmann differenziert das Gesetz zwischen dem Kannkaufmann (§ 2 HGB), dem Kaufmann kraft Eintragung (§ 5 HGB) und dem Formkaufmann (§ 6 HGB). Sonderfälle betreffen den Kannkaufmann im Bereich der Land- und Forstwirtschaft (§ 3 HGB).

Der Kannkaufmann ist derjenige, der nicht schon aufgrund § 1 Abs. 2 HGB ein Handelsgewerbe betreibt, dessen Firma aber in das Handelsregister eingetragen ist.

Die Eintragung ist für das Entstehen der Kaufmannseigenschaft in diesem Fall konstitutiv, während sie im Falle des § 1 Abs. 2 HGB nur deklaratorischer Natur ist.

Eine Unterform des Kannkaufmanns ist derjenige, dessen Betrieb auf Land- und Forstwirtschaft ausgerichtet ist. Hier gelten die zu dem Kannkaufmann ausgeführten Kriterien mit der zusätzlichen Ergänzung, dass ein land- und forstwirtschaftlicher Betrieb zu führen ist.

Beispiel 1:
> Der als Unternehmensberater im Kostenwesen tätige Dipl.-Kfm. A beantragt bei dem zuständigen Handelsregister seine Eintragung als

Kaufmann. A erfüllt zwar die Voraussetzungen eines Gewerbetreibenden. Er ist aber den freien Berufen zuzurechnen, da er ein Hochschulstudium absolviert hat und eine beratende Tätigkeit ausübt. Damit zählt er zwar nicht zu den sog. Katalogberufen (im steuerrechtlichen Sinne), er übt aber einen ähnlichen Beruf i.S.d. § 18 Abs. 1 EStG aus, weshalb er als freiberuflich Tätiger anzusehen ist. Freiberuflich Tätige sind keine Kaufleute i.S. des HGB und damit nicht eintragungsfähig.

3.2.1 Kaufmann kraft Eintragung – Fiktivkaufmann

Ist eine Firma im Handelsregister eingetragen, so kann sich der das Gewerbe betreibende Kaufmann nicht darauf berufen, kein Handelsgewerbe i.S.d. HGB zu betreiben. Er muss sich wie ein Kaufmann behandeln lassen. Dies gilt auch für den sog. Minderkaufmann. Voraussetzung ist aber immer, dass die betroffene Person einen wirklichen Gewerbebetrieb führt.

3.2.2 Der nicht eingetragene Kaufmann (Scheinkaufmann)

Der nicht eingetragene Kaufmann, der im Geschäftsverkehr wie ein Kaufmann auftritt, muss sich im Rahmen von Treu und Glauben im Rechtsverkehr an dem von ihm erweckten Rechtsschein festhalten lassen. Für ihn gilt daher § 5 HGB i.V.m. § 242 BGB analog.

Er ist der einzige nicht im Handelsregister eingetragene Kaufmann, der sich jedoch wie ein solcher behandeln lassen muss.

Beispiel 2:
A verkauft nebenberuflich monatlich 1-2 Gebrauchtwagen. In seinen Anzeigen und auf seinem Briefbogen gibt er als Firma „Anton A, Gebrauchtwagenhandel, An- und Verkauf von Gebrauchtwagen aller Art" an. A ist nicht im Handelsregister eingetragen. A muss sich gegenüber Geschäftspartnern, obwohl er kein eingetragener Kaufmann und auch kein Kaufmann i.S. des Handelsgesetzbuches ist, trotzdem

wie ein Kaufmann behandeln lassen, da sein Erscheinungsbild nach außen auf einen Kaufmann deuten lässt, er im Geschäftsverkehr wie ein Kaufmann auftritt.

3.2.3 Formkaufmann

Die juristischen Personen Aktiengesellschaft, Kommanditgesellschaft auf Aktien und die Gesellschaft mit beschränkter Haftung sind kraft ihrer Rechtsform Vollkaufleute. Bei ihnen ist es nicht zwingend, dass sie ein kaufmännisches Gewerbe i.S.d. § 1 Abs. 2 HGB betreiben. Gleiches gilt für die Personengesellschaften i.S.d. HGB, nämlich für alle Handelsgesellschaften.

3.2.4 Minderkaufmann

Wie vorerwähnt, kann sich ein Kaufmann, der nach § 1 Abs. 2 HGB im Handelsregister einzutragen wäre, darauf berufen, Minderkaufmann zu sein. Er muss dann darlegen, dass er einen Gewerbebetrieb betreibt, der nach Art oder Umfang einen in kaufmännischer Weise eingerichteten Geschäftsbetrieb nicht erfordert.

Die Minderkaufleute werden grundsätzlich wie Vollkaufleute behandelt, mit der Maßgabe, dass die Vorschriften über Firmen, Handelsbücher, Prokura, Bildung einer offenen Handelsgesellschaft und einer Kommanditgesellschaft, nämlich die §§ 348 – 350 HGB sowie einige Vorschriften der ZPO und das GVG nicht gelten.

Beispiel 3:
> Autohändler Anton A aus Beispiel 2, der sich zwar gegenüber Dritten wie ein Kaufmann behandeln lassen muss, möchte dennoch nicht in das Handelsregister eingetragen werden. Da er nur 1-2 Gebrauchtwagen pro Monat an- und verkauft, er dieses Geschäft nebenberuflich betreibt und auch kein Geschäftslokal unterhält, kann er darlegen, kei-

nen in kaufmännischer Weise eingerichteten Geschäftsbetrieb zu benötigen und damit keinen Gewerbebetrieb zu betreiben. Er ist dementsprechend Minderkaufmann und muss nicht in das Handelsregister eingetragen werden.

3.3 Handelsfirma

Die Firma ist der Name des Kaufmanns, unter dem er seine Geschäfte im Handelsverkehr betreibt und seine Unterschrift abgibt. Unter der Firma kann er auch klagen und verklagt werden (§ 17 HGB).

Die Firma führt der Kaufmann als Handelsnamen neben seinem bürgerlichen Namen i. S. d. § 12 BGB.

Die Firma ist nicht mit dem Kaufmann, sondern mit dem von ihm betriebenen Unternehmen verknüpft, weshalb sie gemäß § 21 HGB auch fortgeführt werden kann, wenn sich der Name des Geschäftsinhabers ändert. In der Praxis bedeutet dies, dass ein Erwerber des Unternehmens den Namen des Unternehmensverkäufers, der die Firma des verkauften Unternehmens darstellt, fortführen kann.

Dementsprechend kann die Firma nicht ohne das Handelsgewerbe veräußert werden (§ 23 HGB).

Die Firma eines Unternehmens entsteht bei Kaufleuten i.S.d. § 1 Abs. 2 HGB durch den erstmaligen Gebrauch im Handelsverkehr. Die Eintragung im Handelsregister hat für sie nur deklaratorische Wirkung. Bei den Kannkaufleuten gemäß §§ 2, 3 und 5 HGB entsteht sie erst durch die Eintragung im Handelsregister im Rahmen der auch für die Kaufmannseigenschaft konstitutiven Wirkung der Eintragung.

Die Firma eines Unternehmens erlischt, wenn der Geschäftsbetrieb endgültig eingestellt wird oder sich zum Gewerbe eines Minderkaufmanns reduziert, der Minderkaufmann sich darauf beruft und dementsprechend die

Löschung im Handelsregister bewirkt, er als Kannkaufmann die Löschung im Handelsregister erwirkt oder die Firma geändert wird.

Beispiel 4:
> Kaufmann Karl K, betreibt unter dem Namen „Elektro K." ein Geschäft des Groß- und Einzelhandels mit Elektroartikeln. Dieser Name ist auch auf seinen Auftragsbestätigungen und Rechnungen enthalten. Nachdem ein Kunde nach mehrfacher Mahnung seine Rechnung für einen Fernseher nicht bezahlt, klagt er schließlich vor Gericht auf Zahlung des Kaufpreises. Der von ihm beauftragte Rechtsanwalt fragt richtigerweise nach dem Namen, unter dem die Klage geführt werden soll. K. hat das Wahlrecht, den Kunden entweder unter seiner Firma „Elektro K." oder seinem Eigennamen Karl K. zu verklagen.

3.3.1 Bildung der Firma

Gemäß § 18 HGB muss die Firma zur Kennzeichnung des Kaufmanns geeignet sein und Unterscheidungskraft besitzen.

Im Gegensatz zu der früheren Regelung, wonach der Kaufmann seinen Namen als Firmenbestandteil führen musste, können aufgrund des Handelsrechtsreformgesetzes vom 22.06.1998 jetzt auch Phantasiebezeichnungen als Firma benutzt werden.

Beispiel 5:
> Kaufmann Karl K. wollte seine Firma schon immer „KK-Elektroservice" nennen. So beantragte er auch seine Eintragung zum Handelsregister, wurde aber darauf hingewiesen, dass seine Firma seinen Namen als Firmenbestandteil enthalten müsste. Daraufhin entschied er sich für die Firma „Karl K.-Elektroservice". Aufgrund des Handelsrechtreformgesetzes konnte Karl K. seine Wunschfirma jedoch verwirklichen und kann sich jetzt „KK-Elektroservice" nennen. So wird er auch im Handelsregister eingetragen.

Die Firma darf jedoch nicht über geschäftliche Verhältnisse, die für die von ihr angesprochenen Verkehrskreise wesentlich sind, irre führen.

Im Rahmen der Anmeldung der Firma, zu der der Kaufmann gemäß § 29 HGB verpflichtet ist, wird eine etwaige Irreführung im Falle ihrer Ersichtlichkeit von dem Registergericht, bei dem der Kaufmann seine Firma anmeldet, beanstandet.

Gemäß § 30 HGB muss sich jede neu einzutragende Firma von allen an demselben Ort oder in derselben Gemeinde bereits bestehenden oder in das Handelsregister oder in das Genossenschaftsregister eingetragenen Firmen deutlich unterscheiden. Fehlt die Unterscheidungskraft, ist der Antrag auf Eintragung von dem Registergericht zurückzuweisen.

Bei Namensidentität zweier Kaufleute, die ihren Namen als Firma führen, hat der seine Eintragung später Beantragende einen zur Unterscheidung geeigneten Zusatz zu führen.

3.3.2 Anmeldung und Eintragung der Firma

Gemäß § 12 HGB sind Anmeldungen zur Eintragung in das Handelsregister in öffentlich beglaubigter Form (Unterschriftsbeglaubigung) einzureichen. Juristische Personen, Aktiengesellschaft (AG), Gesellschaft mit beschränkter Haftung (GmbH) etc., sind von sämtlichen Mitgliedern des Vorstandes bzw. allen Geschäftsführern zur Eintragung anzumelden.

Der Anmeldung sind die Satzung der Gesellschaft und die Urkunde über die Bestellung des Vorstandes in Urschrift oder in öffentlich beglaubigter Abschrift beizufügen. Es sind außerdem die Firma und der Sitz, der Gegenstand des Unternehmens und die Mitglieder des Vorstandes, der Geschäftsführung anzugeben.

Diese Anmeldung sowie alle Änderungen oben genannter Tatsachen oder der Satzung sowie die Auflösung der juristischen Person, falls sie nicht die Folge der Eröffnung des Insolvenzverfahrens ist, sowie die Personen der Liquidatoren und die besonderen Bestimmungen über Vertretungsbefugnisse sind zur Eintragung in das Handelsregister ebenfalls mittels öffentlich beglaubigter Urkunde (jeweils nur Unterschriftsbeglaubigungen) anzumelden.

Seit Inkrafttreten des Handelsrechtsreformgesetzes vom 22.06.1998 ist die frühere Zeichnung der Firma bei Einzelkaufleuten und Personenhandelsgesellschaften, wie sie zum Handelsregister eingereicht werden musste, nicht mehr erforderlich. Die Anmeldung muss somit nur noch die Unterschrift des Kaufmanns enthalten, die vor einem Notar zu vollziehen und von diesem zu beglaubigen ist.

3.4 Das Handelsregister - sein Zweck und seine Wirkungen

Das Handelsregister ist ein öffentliches Register, das jedem einschließlich der zugehörigen Akten zur Einsichtnahme offen steht. Eingetragen werden hier die Einzelkaufleute (Einzelunternehmen) und Personenhandelsgesellschaften (Handelsregister A) sowie die juristischen Personen (Handelsregister B).
Für diese Gesellschaften werden die wichtigsten Rechtsverhältnisse, wie z.B. Firma, Sitz und Unternehmensgegenstand, Kapital, vertretungsberechtigte Gesellschafter bzw. Geschäftsführer, Prokuristen etc. eingetragen.

Neben diesem Informationszweck kommt dem Handelsregister auch noch die sog. Publikationswirkung zu. Dies bedeutet, dass ein im Handelsregister eingetragener Kaufmann sich die dort registrierten Mitteilungen ersparen kann, da sie zu seinen Gunsten – wie auch zu seinen Lasten - auch gegenüber seinen Geschäftspartnern wirken.

Beispiel 6:
> Kaufmann Karl K. beschäftigt in seinem Elektrohandel den Prokuristen P.. P. kauft für K. Ware ein und bezahlt diese auch per Banküberweisung oder Scheck. Er zeichnet dementsprechend mit ppa.. Da P. im Handelsregister als Prokurist der Firma „KK-Elektroservice" eingetragen ist, ist es nicht notwendig, dass K. bei dem Abschluss von Verträgen durch P. auf dessen Vertretungsbefugnis als Prokurist hinweist.

3.4.1 Sinn und Zweck des Handelsregisters

Sinn des Handelsregisters ist die Offenlegung (Publizität) der wichtigsten Rechtsverhältnisse der Kaufleute, um im Handelsverkehr eine gewisse Sicherheit zu gewährleisten.

Zweck des Registers ist die Ermöglichung eines öffentlichen, allen zur Einsichtnahme zur Verfügung stehenden Registers. Gem. § 9 Abs. 1 HGB kann jedermann einsehen, ohne ein besonderes Interesse nachweisen zu müssen. Eingesehen werden können nicht nur das reine Registerblatt, sondern auch die jeweils zu einem Registereintrag gehörenden Akten.

Schließlich dient der Eintrag im Handelsregister auch zum Nachweis der Existenz einer Firma, deren Vertretungsberechtigten, des haftenden Kapitals etc.

3.4.2 Form und Inhalt des Handelsregisters

Handelsregister werden bei allen Amtsgerichten geführt. Jedes einzutragende Unternehmen wird bei demjenigen Handelsregister eingetragen, das für den Sitz des Unternehmens örtlich zuständig ist (§§ 8 HGB, 125 FGG). Eintragungen erfolgen nur auf Antrag.

Einzutragende Tatsachen sind diejenigen, zu deren Anmeldung ein Kaufmann verpflichtet ist, wie z.B. die Firma (§ 29 HGB), die Erteilung von

Prokura (§ 53 Abs. 1 und Abs. 3 HGB), die oHG und KG (§§ 106, 162 HGB) etc.

Bei Verletzung dieser Eintragungspflichten können dem Kaufmann von dem Registergericht Zwangsgelder auferlegt werden, um ihn zu der Anmeldung der Eintragung zu veranlassen (§§ 14 HGB, 132 FGG). Von Amts wegen kann eine einzutragende Tatsache mit Ausnahme der Insolvenzeröffnung gemäß § 32 HGB jedoch nicht eingetragen werden.

Um nur eintragungsfähige Tatsachen handelt es sich, wenn eine Tatsache in das Handelsregister eingetragen werden kann, eine Verpflichtung aber nicht besteht.

Hierunter fällt die Eintragung eines Haftungsausschlusses (gemäß §§ 25 Abs. 2, 28 Abs. 2 HGB).

Beispiel 7:
> C tritt in die seit zehn Jahren bestehende „A und B oHG" ein. Obwohl er vor Eintritt deren Bücher geprüft hat, ist er sich jedoch nicht sicher, inwieweit die oHG noch irgendwelchen Haftungen aus der Vergangenheit ausgesetzt ist. Da er für Verpflichtungen der Gesellschafter A und B nicht eintreten will, vereinbaren die Gesellschafter, dass C nur für Verbindlichkeiten haftet, die nach seinem Eintritt entstanden sind. Um dieser Vereinbarung auch Außenwirkung gegenüber Gläubigern der oHG zu verleihen, die schon vor Eintritt des C in die Gesellschaft vorhanden waren, stellen die Gesellschafter den Antrag beim Handelsregister, die Haftungsbegrenzung des C mit dem Inhalt, das er erst ab Eintritt für die danach entstehenden Verbindlichkeiten der Gesellschaft haftet, in das Handelsregister einzutragen.

Schließlich gibt es noch die nicht eintragungsfähigen Tatsachen, wie die Minderkaufmannseigenschaft oder die Handlungsvollmacht. Diese Tatsachen können für den Rechtsverkehr auch von großer Bedeutung sein, sind aber dennoch nicht eintragungsfähig.

3.4.3 Wirkungen der Eintragung

Die Eintragungen in das Handelsregister sind i.d.R. nur deklaratorischer Natur, das bedeutet, sie haben keine rechtsbegründende Wirkung.

In wenigen Fällen wirkt die Eintragung jedoch auch konstitutiv, so dass eine materiell-rechtliche Wirkung erst mit der Eintragung entsteht. Dies ist z.B. der Fall bzgl. der Kaufmannseigenschaften bei Soll- oder Kannkaufleuten und insbesondere bei den juristischen Personen wie der GmbH und der AG, die erst mit ihrer Eintragung im Handelsregister entstehen (vgl. § 11 Abs. 1 GmbHG und § 41 Abs. 1 AktG).

Ausfluss der Publizitätswirkung des Handelsregisters ist der Gutglaubensschutz. Dies bedeutet, dass sich gutgläubige Dritte auf die im Handelsregister eingetragenen Tatsachen berufen können und diese zu ihren Gunsten gelten.

Beispiel 8:
> Wegen geschäftsschädigenden Handelns entzieht Kaufmann Karl K. seinem im Handelsregister eingetragenen Prokuristen P. die Prokura, indem er die Bestellung widerruft. Er entzieht P. auch sämtliche Befugnisse, für die Firma gegenüber Dritten zu handeln. Er vergisst jedoch zunächst, die Abberufung des P. zum Handelsregister anzumelden.
> Trotz der konkreten Anweisungen von Karl K. und des Prokurawiderrufs bestellt P. bei dem Fernsehproduzenten F. ein Sonderkontingent von 25 Fernsehern zu einem Sonderpreis.
> Kaufmann Karl K. erhält kurz darauf die Auftragsbestätigung und erkennt, dass es sich bei dem Sonderkontingent um äußerst schwer absetzbare Geräte handelt. Er teilt F. daher umgehend mit, dass der Vertrag unwirksam sei, da er die Prokura des P. widerrufen habe und P. außerdem nicht mehr ermächtigt sei, Geschäfte mit Dritten abzuschließen.

Daraufhin erwidert F., dass er das Geschäft im Vertrauen auf die Eintragung des P. im Handelsregister eingegangen sei und verlangt Abnahme der Fernsehgeräte. Aufgrund der noch nicht erfolgten Löschung der Prokura im Handelsregister, verlangt er die Abnahme zu Recht.

3.4.4 Publizitätswirkung gemäß § 15 HGB

Die Publizitätswirkung gemäß § 15 Abs. 2 HGB führt zu der Konsequenz, dass richtig eingetragene Tatsachen, die auch bekannt gemacht wurden, jeder gegen sich gelten lassen muss.

§ 15 Abs. 1 HGB hingegen regelt die Fälle, in denen wahre Tatsachen nicht eingetragen und bekannt gemacht wurden. In diesen Fällen kann sich der betroffene Kaufmann auf die zwar wahren, aber nicht eingetragenen und damit nicht bekannt gemachten Tatsachen nicht berufen.

§ 15 Abs. 3 HGB schließlich erfasst den Fall der bekannt gemachten unrichtigen Tatsachen. Ein Dritter kann sich danach auf die unrichtige Tatsache berufen, wenn ihm die Unrichtigkeit nicht bekannt war.

3.4.5 Negative Publizität des Handelsregister gemäß § 15 Abs. 1 HGB

Eine einzutragende, eintragungspflichtige Tatsache, die in Angelegenheiten dessen einzutragen ist, der sich sonst auf diese Tatsache berufen könnte, die aber nicht eingetragen oder bekannt gemacht war und die einen Vorgang betrifft, der zum Geschäftsverkehr gehört und dem Dritten, der sich auf sie beruft, nicht bekannt war, führt hinsichtlich der Rechte des Dritten zu einem Wahlrecht.

Es entsteht eine sog. „Wirkungshemmung". Der Dritte kann sich in diesen Fällen entweder auf § 15 Abs. 1 HGB berufen und die „falsch" eingetragenen Tatsachen zu seinen Gunsten ausnutzen oder sich auf die tatsächliche materielle Rechtslage berufen, d.h. die Rechtslage wie sie abweichend von der Handelsregistereintragung tatsächlich besteht.

Beispiel 9 (Abwandlung des Beispiels 8):
> Der Lieferant F. hat von einem Geschäftsfreund den Widerruf der Prokura des P. erfahren. Kaufmann Karl K. verlangt die Lieferung an seine Firma „KK-Elektroservice". F. verweigert die Lieferung, da kein Vertrag zustande gekommen sei.
> Hier steht F. das Wahlrecht zu. Einerseits könnte er sich auf die eingetragene Prokura des P. im Handelsregister berufen und den Vertrag als zustande gekommen ansehen, andererseits kann er aber auch seine Tatsachenkenntnis vorbringen und sich auf den Wegfall der Prokura berufen und damit die Lieferung verweigern.

3.5 Sonderformen der Kaufleute

3.5.1 Der Scheinkaufmann

Tritt eine Person, ein Minder- oder Nichtkaufmann, durch Führung einer Firma wie ein Vollkaufmann auf, handelt es sich um einen sog. Scheinkaufmann.

Erzeugt dieser Scheinkaufmann einen Rechtsschein, veranlasst er diesen in zurechenbarer Weise. Handeln aufgrund dessen gutgläubige Dritte im Vertrauen auf diesen Rechtsschein, muss sich der Scheinkaufmann hieran binden lassen. Der Scheinkaufmann wird dann wie ein Vollkaufmann behandelt.

Nach heute herrschender Meinung untersteht der Scheinkaufmann dann in vollem Umfang dem Handelsrecht.

3.5.2 Rechtsschein trotz Registereintragung

Handelt ein Kaufmann entgegen den im Handelsregister eingetragenen Tatsachen, so muss er sich u.U. auch daran binden lassen.

Handelt z.B. ein Kaufmann im Rahmen seiner Firma ohne einen haftungsbegrenzenden Zusatz (z.B. KG oder -noch intensiver- GmbH & Co. KG), so kann er sich nicht auf die Haftungsbegrenzung seiner Rechtsform berufen, wenn ein gutgläubiger Dritter, der den Handelsregisterstand nicht kennt, im Vertrauen auf das Auftreten des Kaufmanns handelte.

Der Kaufmann kann in diesen Fällen die Publizitätswirkung des Handelsregisters nicht für sich in Anspruch nehmen. Er haftet vielmehr persönlich, weil er einen entsprechenden Rechtsschein bei seinem gutgläubigen Geschäftspartner erzeugt hat.

Beispiel 10:
> Der Kaufmann Karl K. wandelt seine Firma „KK-Elektroservice" in eine GmbH um, um seine persönliche Haftung auszuschließen. Obwohl er die Umwandlung vor einem Notar in rechtswirksamer Form vorgenommen und zur Eintragung bei dem zuständigen Handelsregister beantragt hat, verwendet er jedoch weiterhin seine alten Briefbogen und Firmenschilder. Auf diesen fehlt jeglicher Hinweis auf die Rechtsform der GmbH. Aufgrund längerer Krankheit des Karl K. wird die GmbH insolvent. Ein Gläubiger verlangt Zahlung von der „KK-Elektroservice", die jedoch nicht erfolgt. Daraufhin nimmt er Karl K. persönlich in Anspruch. Karl K. beruft sich darauf, dass nur die GmbH hafte, er jedoch nicht persönlich. Der Gläubiger kann Karl K. dennoch persönlich in Anspruch nehmen, da er keine Kenntnis von dem Handelsregisterstand hatte und Karl K. auf seinen Briefbögen und auch ansonsten nicht auf die Rechtsform seines Unternehmens hingewiesen hat.

3.6 Vertretung des Kaufmanns

Die Vertretung des Kaufmanns richtet sich zum einen nach der Form im Rahmen derer er tätig wird, als Einzelkaufmann oder in Form einer Handelsgesellschaft, zum anderen ist zu differenzieren zwischen dem Kaufmann als Vertreter und seinen Mitarbeitern als Vertreter des Kaufmanns bzw. der Handelsgesellschaft.

3.6.1 Der Kaufmann als Vertreter

Bei dem Kaufmann als Einzelunternehmer besteht absolute Identität zwischen der natürlichen Person des Unternehmers und dem Kaufmann, er vertritt sich dementsprechend selbst gegenüber Dritten.
Die Handelsgesellschaften werden von ihren persönlich haftenden Gesellschaftern vertreten, d.h. die oHG von allen Gesellschaftern und die KG von ihren Komplementären.

3.6.2 Vertretung des Kaufmanns durch Mitarbeiter

Im kaufmännischen Rechtsverkehr bestehen nach Handelsrecht maßgeblich drei typisierte Vertretungsformen, nämlich die
a) Prokura
b) Handlungsvollmacht
c) Vertretungsmacht der Ladenangestellten.

- **Prokura**

Die Prokura ist persönlich und ausdrücklich zu erteilen, und zwar von dem Inhaber eines Handelsgeschäfts oder seinem gesetzlichen Vertreter (vgl. § 48 HGB). Die Prokura stellt eine Form der rechtsgeschäftlichen Vertretungsmacht dar. Sie wird gem. § 53 HGB in das Handelsregister eingetragen. Die Eintragung hat jedoch nur deklaratorische Bedeutung. Sie ist nicht Wirksamkeitsvoraussetzung.

Prokurist kann nur eine natürliche Person, keine juristische sein. Die Prokura kann auch nicht dem vertretungsberechtigten Kaufmann (auch oHG-Gesellschafter oder Komplementär) erteilt werden.

Der Umfang der Prokura erstreckt sich auf alle Arten von gerichtlichen und außergerichtlichen Geschäften und Rechtshandlungen, die der Betrieb eines Handelsgewerbes mit sich bringt, mit Ausnahme der Veräußerung und Belastung von Grundstücken (vgl. § 49 HGB). Soll der Prokurist auch zur Veräußerung und Belastung von Grundstücken berechtigt sein, ist ihm diese Befugnis besonders zu erteilen.

Die zum Betrieb eines Handelsgewerbes zählenden Geschäfte sind die branchenüblichen. Ausgeschlossen sind die sogenannten Grundlagengeschäfte, wie Änderung der Firma oder des Gesellschafterbestandes etc., die reinen Inhabergeschäfte (sogenannte Prinzipalgeschäfte) wie die Prokuraerteilung selbst oder die Feststellung des Jahresabschlusses und nicht dem Betrieb dienende Geschäfte wie dessen Einstellung oder Veräußerung.

Im Außenverhältnis kann die Prokura nicht eingeschränkt werden (vgl. § 50 Abs. 1 HGB) mit Ausnahme von arglistigen oder missbräuchlichen Geschäften, die den Prinzipal (=Kaufmann) nicht binden.

Eine Möglichkeit der Beschränkung der Vertretungsmacht ergibt sich durch die Erteilung einer Gesamtprokura gem. § 48 Abs. 2 HGB. Gesamtprokura bedeutet, dass die Prokura an mehrere Personen gemeinschaftlich erteilt wird und diese die Prokura auch nur zusammen ausüben können. Prokura kann auch an die Mitwirkung eines Gesellschafters (bei Personengesellschaften), Geschäftsführers oder Vorstandsmitgliedes (bei Kapitalgesellschaften) gekoppelt werden.

Schließlich kann die Prokura auch auf eine Niederlassung beschränkt werden (§ 50 Abs. 3 HGB).

Die Prokura erlischt durch Widerruf des Inhabers gem. § 52 Abs. 1 HGB, durch Einstellung des Handelsgeschäftes, durch Beendigung des Dienstverhältnisses mit dem Mitarbeiter, auch bei Insolvenz (vgl. § 168 Satz 1 BGB, § 23 InsO und schließlich durch den Tod des Prokuristen gem. § 52 Abs. 3 HGB.

- **Handlungsvollmacht**

Wird jemandem ohne Erteilung der Prokura Vollmacht zum Betrieb eines Handelsgewerbes oder zur Vornahme einer bestimmten zu einem Handelgewerbe gehörenden Art von Geschäften oder zur Vornahme einzelner zu einem Handelsgewerbe gehöriger Geschäfte ermächtigt, so wird ihm eine sogenannte Handlungsvollmacht i.S. des § 54 HGB erteilt.

Die Handlungsvollmacht wird im Rahmen der allgemeinen Vollmachtserteilung i.S. der §§ 167 ff. BGB erteilt, ohne an eine besondere Form gebunden zu sein. Der die Vollmacht erteilende Kaufmann bestimmt Art und Umfang der Vollmacht. Grundsätzlich existieren drei Arten der Handlungsvollmacht, und zwar

a) die Generalhandlungsvollmacht
b) die Arthandlungsvollmacht
c) die Spezialhandlungsvollmacht.

Die Generalhandlungsvollmacht erstreckt sich ihrem Namen entsprechend auf alle Rechtsgeschäfte, die der gesamte Betrieb eines Handelsgewerbes gewöhnlich mit sich bringt.

Die Arthandlungsvollmacht beschränkt sich auf eine bestimmte Art von Geschäften eines Handelsgewerbes, die wiederum für dieses Gewerbe typisch und damit gewöhnlich sind.

Die Spezialhandlungsvollmacht schließlich erstreckt sich auf diejenigen Rechtsgeschäfte, die ein einzelnes, konkret bestimmtes Geschäft gewöhnlich mit sich bringt.

Im Außendienst wird nochmals zwischen der sogenannten Abschlussvollmacht i.S. der §§ 55 Abs. 1, 91 Abs. 1 HGB und der Vermittlungsvollmacht (§§ 55 Abs. 4, 75 g, 91 Abs. 2 HGB) unterschieden.

Der Abschlussbevollmächtigte ist berechtigt, im Namen des Kaufmanns Rechtsgeschäfte außerhalb des Betriebes abzuschließen. Bei dem nur Vermittlungsbevollmächtigten ist die Vollmacht auf die Vermittlung von Rechtsgeschäften beschränkt. Der Vermittlungsbevollmächtigte ist nicht ermächtigt, Vertragsabschlüsse selbstständig mit Wirkung für und gegen den Kaufmann abzuschließen. Schließt der Vermittlungsbevollmächtigte dennoch im Namen des Geschäftsinhabers Rechtsgeschäfte ab, so handelt er als Vertreter ohne Vertretungsmacht.

- **Vertretung durch Ladenangestellte**

Wer in einem Laden oder in einem offenen Warenlager angestellt ist, gilt gem. § 56 HGB als ermächtigt, Verkäufe für den Geschäftsinhaber in gewöhnlichem Umfang zu tätigen und auch Gegenstände und Geld in Empfang zu nehmen.

Die Vollmacht unterstellt, dass der Geschäftsinhaber seine Ladenangestellten entsprechend bevollmächtigt hat. Ist diese Unterstellung falsch, wirkt die Tätigkeit der Ladenangestellten als Rechtsscheinvollmacht.

3.6.3 Hilfspersonen des Kaufmanns

Als Hilfspersonen des Kaufmanns werden der Handelsvertreter, der Kommissionsagent, der Vertragshändler und der Handelsmakler bezeichnet.

- **Handelsvertreter**

Gemäß § 84 HGB ist Handelsvertreter, wer als selbstständiger Gewerbetreibender ständig damit betraut ist, für einen anderen Unternehmer Geschäfte zu vermitteln oder in dessen Namen abzuschließen.

Der Handelsvertreter ist somit selbstständig tätig und vermittelt in eigenem Namen Geschäfte für einen anderen. Ist er nicht selbstständig tätig, d.h. kann er seine Tätigkeit nicht im wesentlichen frei gestalten und seine Arbeitszeit selbst bestimmen, so ist er Angestellter.

Die Vergütung besteht in einer Provision (vgl. §§ 87, 86 b HGB), die zwischen dem Kaufmann und dem Handelsvertreter zu vereinbaren ist, ansonsten gilt der übliche Satz als vereinbart (vgl. § 87 b HGB).

Die Provision wird fällig, sobald der Unternehmer das Geschäft ausgeführt hat (§ 87 a HGB).

Die Handelsvertreter genießen einen besonderen Schutz bei Kündigung ihres Vertrages. Sie erhalten von dem Unternehmer gem. § 89 b HGB einen angemessenen Ausgleich für die Vorteile, die der Unternehmer aus der Zuführung neuer Kunden oder der Stärkung der Geschäftsverbindung mit vorhandenen Kunden erfährt.

Der Ausgleich beträgt gem. § 89 b Abs. 2 HGB höchstens eine nach dem Durchschnitt der letzten fünf Jahre der Tätigkeit des Handelsvertreters berechneten Jahresprovision oder sonstigen Vergütung.

Der Ausgleichsanspruch entfällt gem. § 89 b Abs. 3 HGB, wenn der Handelsvertreter das Vertragsverhältnis gekündigt oder der Unternehmer das Vertragsverhältnis aus wichtigem Grund wegen schuldhaften Verhaltens des Handelsvertreters gekündigt hat oder schließlich durch Eintritt eines Dritten in das Vertragsverhältnis zwischen Unternehmer und Handelsvertreter, wenn eine einvernehmliche Vereinbarung getroffen wurde.

Wichtig ist darauf hinzuweisen, dass der Anspruch im Voraus nicht ausgeschlossen werden kann, auch nicht aufgrund schriftlichen Vertrages (vgl. § 89 b Abs. 4 HGB).

- **Kommissionsagent**

Der Kommissionsagent ist ebenfalls ein selbstständiger Gewerbetreibender. Er schließt im eigenen Namen, aber für Rechnung eines Anderen Verträge ab. Für die Rechtsbeziehungen gilt im Außenverhältnis Kommissionsrecht (vgl. §§ 383 ff. HGB) und im Innenverhältnis Handelsvertreterrecht gem. §§ 84 ff. HGB.

- **Vertragshändler**

Der Vertragshändler, auch Eigenhändler genannt, ist ein selbstständiger Kaufmann (Gewerbetreibender). Er kauft Waren im eigenen Namen an und verkauft auf eigene Rechnung an Dritte. Die Besonderheit des Vertragshändlers liegt darin, dass er in die Vertriebsorganisation eines Herstellers eingebunden ist.

Ist er so stark an den Hersteller gebunden, in dessen Organisation eingegliedert, dass er wirtschaftlich die Aufgaben eines Handelsvertreters ausübt und ist er vertraglich verpflichtet, bei Ausscheiden dem Hersteller den Kundenstamm zu überlassen, so wird Handelsvertreterrecht analog angewendet.

- **Handelsmakler**

Gemäß §§ 93 ff. HGB ist Handelsmakler, wer gewerbsmäßig für eine andere Person, ohne von dieser aufgrund eines Vertragsverhältnisses ständig betraut zu sein, die Vermittlung von Verträgen über Anschaffung oder Veräußerung von Waren oder Wertpapieren, über Versicherungen, Güterbeförderungen, Schiffsmiete oder sonstiger Gegenstände des Handelsverkehrs übernimmt.

Der Handelsmakler wird nicht regelmäßig durch einen Auftraggeber betraut und ist weisungsunabhängig.

Handelsmakler ist somit nur derjenige, der die o.g. Geschäfte vermittelt. Dies und seine Weisungsunabhängigkeit und die nicht ständige Betrauung durch einen Auftraggeber unterscheidet ihn von dem Handelsvertreter.

3.7 Begriff und Formen der Handelsgeschäfte

Im Handelsrecht bestehen besondere Geschäftsformen und Gebräuche, die von den zivilrechtlichen Regelungen abweichen. Sie werden im Folgenden kurz dargestellt. Außerdem werden die Voraussetzungen genannt, bei deren Vorliegen sie eingreifen.

3.7.1 Begriff des Handelsgeschäfts

Die Handelsgeschäfte sind in den §§ 343 – 372 HGB geregelt. Unter sie fallen alle Geschäfte eines Kaufmannes, die zum Betriebe eines Handelsgewerbes gehören (§ 343 Abs. 1 HGB). Kaufmann in diesem Sinne kann auch ein Minderkaufmann sein, zum Teil sogar je nach Einzelfall ein Scheinkaufmann.

Die Handelsgeschäfte teilen sich in die einseitigen und beiderseitigen auf, je nach dem, ob an dem Handelsgeschäft eine Partei als Kaufmann beteiligt ist oder ob beide Parteien Kaufleute sind.

Gleichgültig, ob es sich um ein einseitiges oder beiderseitiges Handelsgeschäft handelt, gelten die Vorschriften über die Handelsgeschäfte jeweils für beide Parteien (§ 345 HGB). Die besonderen Vorschriften des HGB gelten dann auch für den beteiligten Nichtkaufmann.

Ausdrückliche Regelungen für die Anwendbarkeit des Handelsrechtes finden sich in Fällen, bei denen bei einem einseitigen Handelsgeschäft eine bestimmte Partei Kaufmann sein muss (vgl. z.B. §§ 347-350 HGB).

Müssen beide Beteiligte Kaufleute sein, so wird dies im Gesetz ebenfalls ausdrücklich geregelt. Derartige Fälle befinden sich z.B. in den §§ 377, 378 und 369 ff. HGB.

Hinsichtlich der Zugehörigkeit eines Handelsgeschäftes zum Betriebe eines Handelsgewerbes spricht die Vermutung des § 344 Abs. 1 HGB. Die handelsrechtlichen Vorschriften greifen nicht ein, d.h. es handelt sich nicht um ein Handelsgeschäft, wenn diese Vermutung widerlegt wurde. Derjenige, der nicht die Wirkungen des Handelsgeschäftes herbeiführen möchte, muss somit nachweisen, dass es sich um ein privates Geschäft gehandelt hat.

Beispiel 11:

Karl K. bestellt über seine Firma „Karl K. Elektroservice" einen teuren Farbfernseher, den er seiner Frau zu Weihnachten schenken möchte. Lieferant F. bestätigt die Bestellung auf seinen üblichen Bestätigungsformularen, auf denen auch seine Allgemeinen Geschäftsbedingungen mit einer Gerichtsstandsvereinbarung enthalten sind. Die Gerichtsstandsvereinbarung lautet dahingehend, dass sämtliche Rechtsstreitigkeiten an dem für F. zuständigen Gericht geführt werden müssen.

Nachdem die Frau des Karl K. ihr Geschenk ausgepackt hat, stellen beide Fest, dass das Gerät nicht funktioniert. Trotz Reparaturaufforderung repariert F. den Fernseher nicht. Da Karl K. den Fernseher noch nicht bezahlt hat, unterlässt er die Zahlung. Daraufhin erhebt F. Klage an dem für ihn örtlich zuständigen Gericht. Karl K. beruft sich auf Unzuständigkeit des Gerichtes, da F. ihn bei seinem zuständigen Gericht, dem für den Beklagten zuständigen Gericht, verklagen müsse.

Das Gericht berücksichtigt Karl K.'s Vorbringen nicht, da er bei dem Abschluss des Kaufvertrages über das Fernsehgerät gegenüber F. nicht deutlich gemacht hat, dass es sich hierbei um ein privates Geschäft und kein im Zusammenhang mit seinem Betrieb erfolgtes Handelsgeschäft handelt.

3.7.2 Handelsbrauch gemäß § 346 HGB

Bei den Handelsbräuchen handelt es sich um die kaufmännischen Verkehrssitten, die auf einer gleichmäßigen, einheitlichen und freiwilligen tatsächlichen Übung der beteiligten Verkehrskreise beruhen. Sie sind keine Rechtsnormen, ihnen kommt aber bei Geschäften zwischen Kaufleuten rechtlich verpflichtende Wirkung zu (§ 346 HGB).

Dies führt dazu, dass Handelsbräuche verbindlich sind, auch wenn die Beteiligten ihre Geltung nicht vereinbart haben oder sie ihnen unbekannt war. Sie verdrängen im Falle ihrer Anwendbarkeit auch ansonsten eingreifendes anderes dispositives Recht. Nicht verdrängen können sie jedoch zwingendes Recht.

Handelsbräuche finden sich bei der Auslegung von Willenserklärungen, dem Zustandekommen von Verträgen, der Auslegung von geschlossenen Verträgen hinsichtlich der Bestimmung des Umfanges der gegenseitigen Rechte und Pflichten und der Ergänzung unvollständiger Vertragsabreden etc. (vgl. §§ 359 Abs. 1, 380, 393 Abs. 2 HGB).

Eine den Handelsbräuchen ähnliche Rechtswirkung haben die sog. Handelsklauseln, wie z.B. die Trade Terms oder Incoterms (international commercial terms), die im Hinblick auf ihre von internationalen Handelskammern herbeigeführte Vereinheitlichung im Rahmen der Handelsbräuche zu handelsüblichen Vertragsklauseln führen. Da die Handelsklauseln zusammengestellt und einheitlich definiert sind, kommt ihnen bei Berufung einer Partei auf eine Klausel bindende Wirkung zu.

Beispiel 12:
> In internationalen Verträgen werden oft Klauseln unter Verwendung der üblichen Abkürzungen vereinbart, z.B. fob (free on bord): Hier trägt der Verkäufer Kosten ohne Gefahr des Untergangs sowie Schäden an der Ware bis zum Überschreiten der Schiffsreling oder cif (cost, insurance, freight): Hier trägt der Verkäufer Kosten, Versicherung und Fracht bis zum Abladen im Bestimmungshafen. Bei vielen Geschäften ist es Handelsbrauch, die genannten Abkürzungen zu be-

nutzen. Beide Parteien sind dann an diese Klauseln gebunden, auch ohne dass es hierzu eine kodifizierte Rechtsgrundlage gibt.

3.7.3 Kaufmännisches Bestätigungsschreiben

Während im bürgerlichen Recht eindeutig geregelt ist, dass durch Schweigen einer Partei kein Rechtsgeschäft zustande kommen kann (keine Vertragsannahme durch Schweigen), gelten im Handelsrecht andere Grundsätze. Bestätigt z.B. ein Kaufmann den Inhalt eines gerade mündlich, fernmündlich oder telegrafisch geschlossenen Vertrages mittels eines schriftlichen Bestätigungsschreibens, so muss der Empfänger eines derartigen Schreibens, der dessen Inhalt nicht gegen sich gelten lassen will, unverzüglich widersprechen. Widerspricht er nicht, gilt sein Schweigen als Einverständnis zu dem Inhalt des Schreibens und es kommt ein Vertrag zu den Bedingungen des Bestätigungsschreibens zustande, auch wenn dieses von der mündlichen Absprache abweicht oder darüber hinausgeht.

Diese Rechtswirkung liegt begründet in dem Bedürfnis der Kaufleute nach Klarheit und Rechtssicherheit im kaufmännischen Verkehr. Sie hat nach heute herrschender Meinung gewohnheitsrechtlichen Charakter.

Beispiel 13:
> Kaufmann Karl K. bestellt über seine Firma „K.K.-Elektroservice" bei F. zwanzig Fernseher gleichen Typs telefonisch. Unmittelbar nach Beendigung des Telefongesprächs bestätigt F. mittels Telefax die Lieferung von 25 Fernsehern des bestellten Typs. Kaufmann Karl K. erwidert hierauf nicht. Zehn Tage später werden der Fa. „K.K.-Elektroservice" von F. 25 Fernseher geliefert.
> Obwohl Karl K. nur zwanzig Fernseher telefonisch bestellt hat, muss er dennoch 25 Fernseher abnehmen, da F. dies in seinem Bestätigungsschreiben (wenn vielleicht auch versehentlich) so bestätigt hat und Karl K. dieser Bestätigung nicht widersprochen hat.

3.7.4 Erwerb vom Nichtberechtigten gemäß § 366 HGB

Erwirbt ein Dritter einen Gegenstand von einem Kaufmann, der zur Verfügung über den Gegenstand nicht berechtigt ist, so kann er dennoch den Gegenstand entgegen den zivilrechtlichen Vorschriften der §§ 929, 932 BGB gutgläubig erwerben.

Der Dritte erwirbt gutgläubig, wenn er bei der Veräußerung einer beweglichen Sache durch einen Kaufmann auf dessen Verfügungsbefugnis vertraut.

Im Gegensatz zu den zivilrechtlichen Vorschriften der §§ 929, 932 BGB scheitert der gutgläubige Erwerb nicht daran, dass der Dritte bezüglich des Eigentums nicht gutgläubig war. Diese fehlende Gutgläubigkeit wird vielmehr durch den guten Glauben an die Verfügungsberechtigung des Kaufmannes geheilt.

Beispiel 14:
> Karl K. verkauft im Rahmen seiner Firma „K. K.-Elektroservice" versehentlich ein gebrauchtes Fernsehgerät, das er zur Reparatur von R. bekommen hatte, der es aber noch nicht abgeholt hatte, an den gutgläubigen Kunden G., der ein günstiges Gebrauchtgerät suchte. G. bezahlte das Gerät und nahm es mit. Kurz darauf verlangte R. sein repariertes Gerät heraus. Karl K. begehrte dementsprechend die Herausgabe des versehentlich verkauften Gerätes bei dem gutgläubigen G., dieser verweigerte jedoch die Herausgabe. Er verweigerte sie zu Recht, da er das Gerät im Vertrauen an die Verfügungsbefugnis des Kaufmanns Karl K. gutgläubig erworben hat.

3.7.5 Lastenfreier Eigentumserwerb nach HGB

Die Vorschriften des § 136 BGB, wonach der gute Glaube an das Nichtbestehen einer dinglichen Belastung geschützt wird, wird durch § 366 Abs. 2 HGB erweitert. Der Erwerber erlangt gemäß § 366 Abs. 2 HGB auch dann lastenfreies Eigentum, wenn er in Kenntnis der Belastung den Veräußerer gutgläubig für befugt hält, ohne Vorbehalt des Rechts über die Sache verfügen zu dürfen.

Bezüglich Pfandrechten ist ebenfalls gutgläubiger Erwerb möglich. Es kommt nicht auf den guten Glauben und die Verfügungsbefugnis an, der gute Glaube muss sich vielmehr auf die Berechtigung des Handelnden beziehen, dass er die genannten Verträge abschließen darf.

3.8 Kontokorrent

Das Kontokorrent (gleichlaufende Rechnung) wurde zum Zwecke der vereinfachten Abwicklung gegenseitiger Geldansprüche eingeführt.
Gemäß § 355 HGB ergibt sich das Recht aus einem Kontokorrent, nämlich das Recht, Zinsen von dem Überschuss verlangen zu dürfen, wenn folgende Voraussetzungen vorliegen:

- Geschäftsverbindungen zwischen einer beliebigen Person und einem Kaufmann,

- beiderseitige Ansprüche und Leistungen nebst Zinsen aus der Verbindung, die in Rechnung gestellt werden,

- Ausgleich eines sich aus in regelmäßigen Zeitabschnitten durch Verrechnung und Feststellung des für den einen oder anderen Teil ergebenden Überschusses.

Liegen diese Voraussetzungen vor, können Zinsen aus dem Überschuss verlangt werden, auch soweit sie nicht in der Rechnung enthalten sind. Bei der Anwendung dieser Vorschrift reicht es aus, wenn einer der Beteiligten Voll- oder Minderkaufmann ist.

Aufgrund des bestehenden Kontokorrentverhältnisses verliert die Einzelforderung ihre Selbstständigkeit.

Die herrschende Meinung differenziert zwischen dem Perioden- und dem Staffelkontokorrent.

Bei dem Periodenkontokorrent wird jeweils nach Schluss einer bestimmten Geschäftsperiode ein Saldo festgestellt und bis zu dessen Feststellung bleiben die Einzelforderungen bestehen.

Bei dem Staffelkontokorrent wird laufend und automatisch verrechnet, sobald sich zwei Rechnungsposten gegenüber stehen. Es kommt daher zu einer fortlaufenden Saldierung, die Einzelforderungen gehen sofort unter.

§ 355 HGB geht von dem Periodenkontokorrent aus, so dass dieses im Zweifel zu unterstellen ist, wenn abweichende vertragliche Vereinbarungen nicht erkennbar sind.

Auswirkungen ergeben sich insbesondere in Fällen der Pfändung. Da die Einzelforderung im Kontokorrent aufgeht, ist sie nicht mehr pfändbar. Beim Staffelkontokorrent gehen die Einzelforderungen laufend unter, beim Periodenkontokorrent nur nach Ablauf der jeweiligen Periode, also später. Daher kann die Pfändungsmöglichkeit von der anzuwendenden Kontokorrentmethode abhängen.

Beispiel 15:
> Kaufmann Karl K. vollstreckt aufgrund zweier rechtskräftiger Titel gegen seinen Schuldner S.. Einen Titel vollstreckt er gegen die Bank des S. als Drittschuldnerin, den anderen gegen einen Kunden des S.. Beide Vollstreckungen werden in der Mitte eines Quartals durchgeführt. Karl K. führte die Vollstreckungen durch, da ihm bekannt geworden war, dass bei beiden Drittschuldnern Guthaben zugunsten des Schuldners S. vorhanden waren. Aufgrund des Periodenkontokorrents der Bank, bei dem erst wieder zum Quartalsende Gegenforderungen mit den Guthaben des S. verrechnet werden, wird seine Forderung vollständig beglichen. Der Kunde K. des S. erwidert jedoch, dass die Pfändung ins Leere läuft, da er im Rahmen des mit S. vereinbarten Staffelkontokorrentes die Guthaben des S. mit Gegenforderungen verrechnet habe, weshalb der Kontosaldo negativ sei.

3.9 Das kaufmännische Zurückbehaltungsrecht

Neben dem Zurückbehaltungsrecht gemäß § 273 BGB gilt für Geldforderungen von Kaufleuten (beide Vertragsteile müssen Kaufleute sein, Minderkaufmannseigenschaft reicht aus) zusätzlich § 369 HGB für Zurückbehaltungsrechte.

Voraussetzung für die Anwendung der §§ 369 ff. HBG ist neben der Kaufmannseigenschaft die Notwendigkeit, dass es sich bei der zu erbringenden Leistung um eine Geldforderung handelt, die grundsätzlich fällig sein muss (Ausnahme bei Gefährdung gemäß § 370 Abs. 1 HGB). Die Forderung kann aus verschiedenen Rechtsverhältnissen herrühren, d.h. Konnexität mit der Schuld wird nicht verlangt. Es muss sich um ein beiderseitiges Handelsgeschäft handeln. Ein Zurückbehaltungsrecht besteht schließlich nur an beweglichen Sachen und Wertpapieren.

Bei Anwendbarkeit der §§ 369 ff. HGB erhält der Zurückbehaltungsberechtigte alternativ ein Leistungsverweigerungsrecht, ein Verwertungsrecht oder ein Absonderungsrecht im Insolvenzfall.

Beispiel 16:
> Kaufmann Karl K. hat gegen S. rechtskräftige Zahlungstitel aus offenstehenden Rechnungen wegen Lieferungen diverser Fernsehgeräte. Im Rahmen eines kurzfristigen Großauftrages benötigt Karl K. 50 Radiogeräte. Zehn derartiger Radiogeräte kann er von S. bekommen. S. liefert die Radiogeräte und bestellt gleichzeitig zwei Fernsehgeräte bei Karl K..
>
> Als S. Zahlung der Rechnung für die Radiogeräte verlangt, verweigert Karl K. unter Hinweis auf § 369 ff. HGB die Zahlung. Bei dieser Gelegenheit reklamiert S. auch die Lieferung der Fernsehgeräte. Auch die Lieferung dieser Geräte verweigert Karl K.. Beide Handlungen verweigert Karl K. zu Recht, da ihm das kaufmännische Zurückbehaltungsrecht gem. §§ 369 ff. HGB aufgrund der ihm gegen S. zustehenden Geldforderungen zusteht.

3.9.1 Sorgfalt des ordentlich handelnden Kaufmanns gemäß § 347 HGB

Der Kaufmann haftet grundsätzlich für Vorsatz und Fahrlässigkeit, gleichgültig ob für grobe oder leichte. Nach § 347 Abs. 1 HGB wird dem Kaufmann aber eine erhöhte Sorgfaltspflicht auferlegt. Für ihn gelten nicht die Grundsätze gemäß § 276 Abs. 1 S. 2 BGB, wonach die allgemeine im Verkehr erforderliche Sorgfalt einzuhalten ist, er muss vielmehr die Sorgfalt eines ordentlichen Kaufmannes wahren. Die diesbezüglich geltenden Voraussetzungen ergeben sich aus der hierzu einschlägigen Rechtsprechung.

Beispiel 17:
> Der Kaufmann muss z.B. im Hinblick auf ordnungsgemäße Aufzeichnungen, Führung von Büchern (Buchhaltung) und auf seinen Warenbestand besonders sorgfältig handeln.

3.9.2 Entgeltlichkeit kaufmännischen Handelns

§ 354 Abs.1 HGB gewährleistet dem Kaufmann einen Anspruch auf Vergütung (Provision, Lagergeld etc.), auch wenn dies nicht vereinbart wurde oder eine entsprechende Abrede nichtig ist. Voraussetzung ist, dass ein Kaufmann, gleich welcher Eigenschaft, auch Minderkaufmann oder Scheinkaufmann, in Ausübung seines Handelsgewerbes für einen anderen Geschäfte besorgt oder Dienste leistet.

Weitere Wirkungen dieser Entgeltlichkeit sind die besonderen Zinsvorschriften gemäß § 353 S. 1 HGB und § 352 Abs. 1 S. 1 HGB.

3.9.3 Leistungszeit

Gemäß § 358 HGB kann die Leistung eines Kaufmannes nur während seiner gewöhnlichen Geschäftszeit bewirkt und gefordert werden.

3.9.4 Qualität der Leistung

Im Gegensatz zu der Pflicht eines Schuldners gemäß § 243 Abs. 1 BGB, der eine Sache mittlerer Art und Güte zu erbringen hat, muss der Kaufmann ein Handelsgut mittlerer Art und Güte gemäß § 360 HGB verschaffen. Da es sich um ein Handelsgut handelt, können die Anforderungen gegenüber § 243 Abs. 1 BGB höher oder niedriger sein, je nach dem, welche Qualität der allgemeine Rechtsverkehr dem jeweiligen Handelsgut in seiner mittleren Art und Güte beimisst.

Beispiel 18:
> Das von Kraftfahrer K. gekaufte Kraftfahrzeug verbraucht im Durchschnitt zehn Liter Kraftstoff pro 100 km. Bei sehr guter Verarbeitung der Antriebsaggregate und guter Einstellung benötigen Fahrzeuge dieses Typs nur 9,5 Liter, während sie bei schlechterer Verarbeitung und Einstellung 10,5 Liter verbrauchen. Der Verbrauch bewegt sich somit zwischen 9,5 und 10,5 Litern, womit davon auszugehen ist, dass das Handelsgut Kraftfahrzeug, wie es von K. erworben wurde, in mittlerer Art und Güte geliefert wurde. Würde das Kraftfahrzeug z.B. 12 Liter pro 100 km Fahrtstrecke verbrauchen, könnte der Kunde die Qualität des gelieferten Gegenstandes beanstanden.

3.10 Die besonderen Handelsgeschäfte

Neben den oben dargestellten Handelsgeschäften, die für alle Geschäfte eines Kaufmannes gelten, gibt es noch die besonderen Handelsgeschäfte, die nur für einzelne Arten von Geschäften gelten oder bei denen besondere Voraussetzungen an die beteiligten Parteien gestellt werden.

3.10.1 Der Handelskauf

Das Wichtigste und auch von der Häufigkeit bedeutendste Handelsgeschäft ist der Handelskauf gemäß § 373 ff. HGB.

Sofern ein Kaufvertrag im Sinne der §§ 433 ff. BGB vorliegt, Gegenstand des Kaufgeschäftes Waren oder Wertpapiere (§§ 373, 381 Abs. 1 HGB) sind und der Vertrag zum Betrieb eines kaufmännischen Handelsgewerbes gehört (§§ 343, 344 HGB), liegt ein Handelskauf i.S.d. Handelsgesetzbuches vor.

Die Vorschriften über dem Handelskauf finden auch auf den Tausch gemäß § 480 BGB und den Werklieferungsvertrag Anwendung (§ 381 HGB). Bei Verträgen über Grundstücke, Forderungen, Rechte, sonstige vermögenswerte Positionen etc. liegt regelmäßig kein Handelskauf vor.

Während die Regelungen gemäß §§ 373 – 376 HGB (Annahmeverzug des Käufers, Bestimmungskauf und Fixhandelskauf) für alle Handelskäufe gelten, sobald eine Partei Kaufmann ist, gelten die Sonderregelungen gemäß
§§ 377 – 379 HGB (Untersuchungs- und Rügepflicht, Mängelrüge- und Aufbewahrungspflicht etc.) nur bei dem sog. beiderseitigen Handelskauf. Eine Rüge liegt z.B. vor, wenn beide Parteien Kaufleute sind und für beide der Kauf zum Betrieb ihres Handelsgewerbes gehört (vgl. unten Ziff. 3.10.5).

Beispiel 19:
> Kaufmann Karl K. bestellt bei dem Lieferanten F. zwanzig Fernseher. Ihm werden jedoch nur 19 geliefert. Da beide Parteien Vollkaufleute sind, muss Kaufmann Karl K. die Minderlieferung sofort rügen, da der Lieferant F. ansonsten die Bezahlung der vollständigen Menge (zwanzig Fernsehgeräte) verlangen kann.

3.10.2 Annahmeverzug des Käufers gemäß §§ 373, 374 HGB

Liegt ein beidseitiger Handelskauf i.S.d. § 373 HGB vor und befindet sich der Käufer in Annahmeverzug, nimmt er also die Vertragsware nicht rechtzeitig an, kann der Verkäufer nach rechtzeitiger Androhung gemäß § 373 Abs. 2 HGB einen Selbsthilfeverkauf vornehmen.

Der Verkäufer hat ein Wahlrecht zwischen Hinterlegung (§ 373 Abs. 1 HGB) und dem Selbsthilfeverkauf, der auch nach anfänglicher Hinterlegung bei einer späteren Versteigerung durchgeführt werden kann.

Der Selbsthilfeverkauf findet entweder durch öffentliche Versteigerung (§§ 373 Abs. 2 S. 1 1. HS HGB, 383 Abs. 3 BGB) oder mittels freihändigen Verkaufs durch einen öffentlich bestellten Handelsmakler oder eine zur Versteigung befugte Person (§ 373 Abs. 2 S. 1 2. HS HGB) statt.

Der Selbsthilfeverkauf ist für Rechnung des Käufers auszuführen.

Kommt der Käufer in Zahlungsverzug (§§ 281, 323 BGB), kann der Verkäufer einen sog. Deckungsverkauf vornehmen, um den Schaden gering zu halten. Voraussetzung für den Deckungskauf ist neben dem Zahlungsverzug des Käufers die Fristsetzung durch den Verkäufer mit Ablehnungsandrohung gemäß § 326 BGB. Er muss ferner den Deckungsverkauf für eigene Rechnung vornehmen und den Deckungsverkauf zum Zwecke der konkreten Schadensermittlung vornehmen, um seinen Schadensersatzanspruch wegen Nichterfüllung konkret beziffern zu können.

Gleiches gilt im umgekehrten Fall bei Nichtlieferung von schon weiterverkaufter Ware durch einen Lieferanten.

Beispiel 20:
Kaufmann Karl K. kauft bei dem Lieferanten F. abermals zwanzig Fernseher. Da er die Geräte weiterverkaufen möchte, benötigt er sie kurzfristig. Er verlangt daher Lieferung innerhalb von zehn Tagen. Nachdem die Lieferung am elften Tag nicht erfolgt ist, sendet Karl K.

> an den Lieferanten F. ein Fax folgenden Inhalts: „Die von mir bestellten zwanzig Fernseher sind bisher nicht eingetroffen. Zur Lieferung setze ich Ihnen letzte Frist bis zum 10.05.2002. Sollte die Lieferung bis dahin nicht erfolgt sein, werde ich die Lieferung ablehnen und Schadenersatz verlangen."
>
> Nachdem die Lieferung bis zum 11.05.2002 nicht erfolgt ist, Kaufmann Karl K. jedoch seinem Kunden die Geräte liefern muss, kauft er kurzfristig bei einem anderen Lieferanten zwanzig Fernseher zu einem Preis, der EUR 25,00 je Stück höher liegt. Durch diesen Deckungskauf ist ihm ein Schaden von EUR 500,00 (20 Stück x EUR 25,00) entstanden, den er zu Recht von dem Lieferanten F. im Rahmen seiner ihm zustehenden Schadenersatzansprüche verlangen kann.

3.10.3 Der Spezifikationskauf gemäß § 375 HGB

Bei dem sog. Spezifikations- oder Bestimmungskauf ist der Käufer der Ware verpflichtet, die Bestimmung der gekauften, beweglichen Sache hinsichtlich Form, Maß und ähnlichen Beschaffenheitsangaben zu treffen.

Kommt der Käufer mit seiner Bestimmung in Verzug, so kann der Verkäufer die Bestimmung selbst vornehmen oder gemäß § 323 BGB Schadensersatz wegen Nichterfüllung fordern oder auch vom Vertrag zurücktreten (§ 375 Abs. 2 HGB).

Vor Selbstbestimmung durch den Verkäufer hat dieser dem Käufer die von ihm getroffene Bestimmung mitzuteilen und ihn zur Abgabe einer anderweitigen Bestimmung innerhalb angemessener Frist aufzufordern.

Der Spezifikationskauf ähnelt in Teilen der Wahlschuld i.S.d. § 262 BGB.

Beispiel 21:

> Kaufmann Karl K. bestellt für eine Sonderaktion seiner Firma „KK-Elektroservice" bei dem Lieferanten F. 100 Fernsehgeräte, die in unterschiedlichen Farben und Ausstattungen geliefert werden sollen. Vier Wochen nach Zustandekommen des Vertrages hat Karl K. die herzustellenden Fernseher immer noch nicht konkretisiert. Dem Liefe-

ranten F. steht jetzt das Wahlrecht zu, entweder die Bestimmung selbst vorzunehmen (§ 375 Abs. 2, Satz 2 HGB), indem er die einzelnen Farben und Ausstattungsmerkmale festlegt oder dem Kaufmann Karl K. eine Nachfrist mit Ablehnungsandrohung i.S.d. § 326 BGB zu setzen und danach ebenfalls Schadenersatz wegen Nichterfüllung zu verlangen oder vom Vertrag zurückzutreten (§ 375 Abs. 2, Satz 1, 2. Halbsatz HGB). Er kann sich ohne Berücksichtigung sonstiger Kriterien die für ihn günstigere Variante aussuchen.

3.10.4 Der Fixhandelskauf

Maßgebliches Kriterium des Fixhandelskaufs ist die von einem Vertragspartner fest bestimmte Zeit, zu der eine Leistung zu erbringen ist. Für diesen Vertragspartner steht und fällt das Geschäft mit Einhaltung des Termins, was bei Bestellungen oft mit den Klauseln „fix zum ..., präzise, spätestens" beschrieben wird.

Der Fixhandelskauf hat dieselben Voraussetzungen wie § 361 BGB, es muss sich jedoch mindestens um einen einseitigen Handelskauf handeln. Als Rechtsfolge gewährt § 376 Abs. 1 HGB den Rücktritt, und zwar allein schon aufgrund des Verzuges des Schuldners.

Gem. § 376 HGB besteht das Rücktrittsrecht nur wahlweise neben dem alternativen Schadensersatzanspruch. Die Schadensberechnung ist nach § 376 Abs. 2 – 4 HGB vorzunehmen.

Nach § 323 Abs. 2 Nr. 2 BGB (früher § 361 BGB) erhält der Gläubiger nur ein Rücktrittsrecht „im Zweifel".

D. h. es muss den konkreten Umständen entnommen werden, ob für den Fall der Säumnis ein Rücktrittsrecht besteht. Ergeben sich aus den einzelnen Umständen keine Hinweise, besteht das Rücktrittsrecht („im Zweifel"). Einer Inverzugsetzung durch den Gläubiger bedarf es jedenfalls nicht.

Dies ist anders in den Fällen des § 323 BGB. Hier ist eine Inverzugsetzung mit gleichzeitiger Leistungsablehnungsandrohung durch den Gläubiger notwendige Voraussetzung für die Ausübung des Rücktritts.

Nur in Ausnahmefällen, wenn die Leistung für den Gläubiger infolge des Verzuges des anderen Vertragsteiles kein Interesse mehr hat, ist die Bestimmung einer neuen Leistungsfrist (Inverzugsetzung) nicht nötig – der Gläubiger kann sofort zurücktreten.

Beispiel 22:
> Ein derartiger Fall ist z.B. gegeben, wenn der Gläubiger per 31. Dezember Feuerwerkskörper bestellt, diese jedoch nicht geliefert werden. Da er sie nach dem 31. Dezember nicht mehr verwenden darf und die Verwendung außerdem nutzlos ist, hat die spätere Lieferung keinen Sinn und die Bestimmung einer neuen Frist erübrigt sich.

3.10.5 Rügepflicht bei Qualitätsmängeln

Gemäß § 377 HGB obliegt dem die Leistung empfangenden Teil bei einem beiderseitigen Handelskauf und Ablieferung der verkauften Ware durch den Verkäufer, d.h. Übergabe des Kaufgegenstandes in den Machtbereich des Käufers, eine unverzügliche Untersuchungspflicht. Ist die Ware mangelhaft, muss der Mangel unverzüglich gerügt werden (§ 377 Abs. 1 HGB). Die Rüge ist lediglich entbehrlich, wenn der Verkäufer einen Mangel arglistig verschwiegen hat (§ 377 Abs. 5 HGB).

Kommt der Käufer seiner Rügepflicht nicht nach, so gilt die Ware als ordnungsgemäß geliefert, sofern der Mangel bei der Untersuchung nicht erkennbar war. Im letzteren Falle muss die Anzeige des Mangels unverzüglich nach Entdeckung des Mangels vorgenommen werden, ansonsten gilt die Ware wiederum als ordnungsgemäß genehmigt (§ 377 Abs. 3 HGB). Unverzüglich bedeutet ohne schuldhaftes Zögern, also so schnell wie möglich.

3.10.6 Untersuchungs- und Rügepflicht bei Falschlieferung oder Mengenfehlern

Oben für die Rügepflicht dargestellte Regeln gelten auch, wenn eine Lieferung mangelhaft i.S.d. § 437 BGB ist (vgl. auch oben Teil 2. Bürgerliches Gesetzbuch Ziff. 2.5.4.)

Es muss sich jedoch um eine der bestellten Gattung entsprechenden Lieferung und nicht um eine vollständig andere Sache handeln, die so offensichtlich von der Bestellung abweicht, dass der Verkäufer die Genehmigung des Käufers als zu liefernde Sache ausschließen muss. Es muss also eine genehmigungsfähige Anderslieferung (genehmigungsfähiges aliud) vorliegen. Gleiches gilt für Mengenfehler, wenn z.B. eine bestimmte Stückzahl bestellt wurde, die Lieferung jedoch von dieser abweicht.

Rügt der Käufer derartige Abweichungen nicht, gilt die gelieferte Sache gemäß §§ 378, 377 Abs. 2 HGB als genehmigt.

Rügt der Käufer die gelieferte Ware und möchte sie nicht als ordnungsgemäß annehmen, so ist er gemäß § 379 HGB verpflichtet, für ihre einstweilige Aufbewahrung zu sorgen.

In besonderen Fällen kann er die Ware, wenn sie verderblich ist, nach den Vorschriften des § 373 HGB verkaufen lassen (vgl. auch oben Ziff. 3.10.2.).

3.10.7 Das Kommissionsgeschäft

Schließt ein Kaufmann im Betrieb seines Handelsgeschäftes ein Geschäft im eigenen Namen, aber für fremde Rechnung ab, handelt es sich um ein Kommissionsgeschäft gemäß § 383 HGB. Der Kommissionsvertrag kann über Waren oder Wertpapiere abgeschlossen werden. Er gilt auch für Werklieferungsverträge und Tausch (§§ 406 Abs. 2 HGB, 480 BGB).

Ein Unterfall der Kommission ist die uneigentliche Kommission i.S.d. § 406 Abs. 1 S. 1 HGB. Hier bezieht sich das Geschäft auf andere als die oben genannten Gegenstände.

Die Gelegenheitskommission (§ 406 Abs. 1 S. 2 HGB) beschreibt das Kommissionsgeschäft anderer Kaufleute. Hier übernimmt ein Kommissionär ein anderes Geschäft als das in § 383 HGB bezeichnete für Rechnung eines anderen im eigenen Namen.

Der Kommissionär befindet sich in einem doppelten Rechtsverhältnis, nämlich einerseits im Rahmen des Kommissionsvertrages mit dem Kommittenten und andererseits hinsichtlich des Ausführungsgeschäftes mit einem Dritten.

Die Pflichten des Kommissionärs bestehen insbesondere aus der Herausgabepflicht des Erlangten gemäß §§ 384 ff. HGB. Seine Rechte bestehen aus dem Provisionsanspruch i.S.d. § 396 Abs. 1 HGB, einem eventuellen Aufwendungsersatzanpruch gemäß § 396 Abs. 2 HGB, § 670 BGB und dem gesetzlichen Pfandrecht am Kommissionsgut im Sinne § 397 HGB.

Es wird ferner zwischen der Verkaufs- und der Einkaufskommission unterschieden. Bei der Ersteren ist i.d.R. kein Zwischenerwerb des Kommissionärs gegeben, der Kommittent bleibt Eigentümer (vgl. §§ 771 ZPO, 47 InsO). Die Einkaufskommission zeichnet sich dadurch aus, dass ein Durchgangserwerb stattfindet, d.h. der Kommissionär erwirbt zunächst und gibt weiter.

Beispiel B 23:
> Der Kaufmann A betreibt ein Antiquitätengeschäft. Im Rahmen des Geschäftes kauft er einerseits günstige Gegenstände an, die er später wieder verkauft. Andererseits nimmt er auch Gegenstände für Kunden in seinen Laden auf, die er für diese auf Provisionsbasis oder gegen ein geringes Entgelt verkauft. Im ersteren Fall übernimmt er z.B. Gegenstände, bei deren Verkauf der Kunde einen bestimmten Betrag erhält und der darüber hinausgehende Verkaufserlös A zusteht. Dies ist der Fall der Verkaufskommission.

Im zweiten Fall nimmt er die Ware nur entgegen und stellt sie in seinem Geschäft zum Verkauf auf. Interessiert sich ein Kunde dafür, so verkauft er die Ware im Namen des anderen Kunden, der ihm die Ware hereingegeben hat. Von dem Verkaufserlös erhält A sodann das für die Verkaufsvermittlung vereinbarte Entgelt. Dies ist der Fall der Einkaufskommission.

Würde A insolvent werden, so würde die im Wege der Verkaufskommission angekaufte Ware in diese Insolvenzmasse fallen, während die nur im Rahmen der Einkaufskommission zum Weiterverkauf hereingenommenen Gegenstände auszusondern wären, da sie nicht im Eigentum des A stehen, sondern sich nach wie vor im Eigentum des Kunden befinden.

3.10.8 Das Speditionsgeschäft

Ein Kaufmann, der es gewerbsmäßig übernimmt, Güterversendungen durch Frachtführer oder Verfrachter von Seeschiffen für Rechnung des Versenders im eigenen Namen zu besorgen, wird als Spediteur bezeichnet (vgl. §§ 407 ff. HGB). Der Spediteur unterscheidet sich von dem Frachtführer dadurch, dass er Güter nicht selbst befördert, sondern nur ihre Beförderung durch andere vermittelt, indem er im eigenen Namen Frachtverträge abschließt und im Innenverhältnis für Rechnung seines Auftraggebers handelt.

Der Spediteur wird aufgrund eines Speditionsvertrages mit dem Versender tätig, mit dem Frachtführer schließt er einen Frachtvertrag ab. Der Speditionsvertrag kann bei dauernder Beauftragung ein Dienstvertrag sein, bei Einzelversendung ist er regelmäßig als Werkvertrag anzusehen.

3.10.9 Das Lagergeschäft gemäß § 416 HGB

Kaufmann ist auch der Lagerhalter, der es übernimmt, gewerbsmäßig die Lagerung und Aufbewahrung lagerfähiger Güter zu besorgen. Der Lagerhalter bewahrt regelmäßig mobile Gegenstände auf, nicht aber Geld, Wertpapiere oder lebende Tiere.

Zwischen Einlagerndem und Lagerhalter wird der sog. Lagervertrag, ein Konsensualvertrag, abgeschlossen. Für den Lagervertrag gelten die Vorschriften der §§ 416 ff. HGB und daneben die §§ 688 ff. BGB.

Der Lagerhalter haftet bei nicht ordnungsgemäßer Aufbewahrung des Lagerguts gemäß §§ 390 Abs. 1, 417 HGB, 19 OLSchVO für jeden Schaden der durch sein Verschulden entsteht. Gleichermaßen haftet er für das Verschulden von Hilfspersonen gemäß § 278 BGB bzw. § 15 OLSchVO.

3.10.10 Das Frachtgeschäft gemäß § 425 HGB

Wie oben schon (vgl. Teil 3.10.8 Speditionsgeschäft) erwähnt, übernimmt der Frachtführer die Beförderung von Gütern, während der Spediteur diese Beförderung nur vermittelt. Die Beförderung kann sowohl auf dem Lande oder zu Wasser wie auch über die Luft erfolgen.

Zwischen dem Versender und dem Frachtführer kommt der Frachtvertrag zustande. Es handelt sich hierbei regelmäßig um einen Werkvertrag, da der Vertragsinhalt die Überführung eines bestimmten Gutes an einem bestimmten Ort ist.

Der Frachtführer haftet nach § 429 HGB für Verlust oder Beschädigung des Gutes in der Zeit von der Annahme bis zur Ablieferung oder bei Versäumung der Lieferzeit, soweit hierdurch ein Schaden entsteht und der Frachtführer diesen zu vertreten hat.

Das Verschulden des Frachtführers wird vermutet, ihm ist es aber unbenommen, sich zu exculpieren, indem er nachweist, dass der Schaden auch bei Anwendung der Sorgfalt eines ordentlichen Frachtführers nicht hätte abgewendet werden können. Nach § 433 HGB haftet der Frachtführer auch für das Verschulden seiner Erfüllungsgehilfen und anderer Personen, derer er sich zur Ausführung des Geschäftes bedient (vgl. § 429 HGB).

Übungsaufgaben zum 3. Kapitel

Aufgabe 3.1:
Wie lautet die Definition des Kaufmannsbegriffs und welche Formen des Kaufmanns gibt es?

Aufgabe 3.2:
Was ist unter Handelsgewerbe zu verstehen?

Aufgabe 3.3:
Was ist ein Gewerbe?

Aufgabe 3.4:
Welche Formen des Kaufmannes gibt es?

Aufgabe 3.5:
Was versteht man unter einer Handelsfirma?

Aufgabe 3.6:
Wo ist die Firma anzumelden und einzutragen?

Aufgabe 3.7:
Was ist Zweck und Wirkung des Handelsregisters?

Aufgabe 3.8:
Welche zwei maßgeblichen Formen der Handelsgeschäfte gibt es?

Aufgabe 3.*9:*
Was ist ein Handelsbrauch?

Aufgabe 3.10:
Was ist unter einem kaufmännischen Bestätigungsschreiben zu verstehen?

Aufgabe 3.11:
Welche Formen des Kontokorrents gibt es ?

Aufgabe 3.12:
Was versteht man unter Handelskauf?

Aufgabe 3.13:
Wie entsteht Zahlungsverzug und wann kann ein Deckungsverkauf vorgenommen werden?

Aufgabe 3.14:
Welche Voraussetzungen müssen gemäß § 326 BGB erfüllt werden, um den anderen Vertragsteil in Verzug zu setzen?

Aufgabe 3.15:
Was versteht man unter Fixhandelskauf?

Aufgabe 3.16:
Wodurch zeichnet sich das Kommissionsgeschäft aus?

Aufgabe 3.17:
Was versteht man unter Speditions-, Lager- und Frachtgeschäft?

4. Gesellschaftsrecht

4.1 Begriff des Gesellschaftsrechts

Unter dem Gesellschaftsrecht versteht man das Recht der privatrechtlichen Personenvereinigungen, die zur Erreichung eines bestimmten gemeinsamen Zwecks durch Rechtsgeschäft begründet werden.

Im Gegensatz zum Handelsrecht, das fast abschließend im Handelsgesetzbuch geregelt ist, sind die Vorschriften zum Gesellschaftsrecht auf unterschiedliche Gesetze verteilt. Die Personengesellschaften sind auch maßgeblich im Handelsgesetzbuch geregelt, z.T. allerdings schon im BGB, die Kapitalgesellschaften findet man in Spezialgesetzen, wie z.B. dem GmbH-Gesetz und dem Aktiengesetz sowie dem Genossenschaftsgesetz etc.

4.2 Die Gesellschaftsformen

Die Rechtsformen der Gesellschaften gliedern sich in zwei Hauptbereiche, nämlich die Personengesellschaften und die Kapitalgesellschaften, auch juristische Personen genannt, auf.

4.2.1 Personengesellschaften

Die einfachste Form der Gesellschaft ist die Gesellschaft bürgerlichen Rechts (GbR), geregelt in den §§ 705 ff. BGB.

Die weiteren Personengesellschaften finden sich maßgeblich im Handelsgesetzbuch. Es handelt sich insbesondere um die Offene Handelsgesellschaft (oHG), deren Vorschriften sich in den §§ 105 ff. HGB, ergänzt durch die §§ 705 ff. BGB wiederfinden, und die Kommanditgesellschaft (KG), deren Bestimmungen in den §§ 161 ff. HGB enthalten sind.

Die GbR ist die Rechtsform, unter der sich auch Nichtkaufleute zusammenschließen können, z.B. Ärzte, Rechtsanwälte, Steuerberater, Architekten usw., während der Zusammenschluss von Kaufleuten zu gleichen Zwecken zu der Rechtsform der oHG führt. Beiden Gesellschaftsformen ist zu eigen, dass die Gesellschaft und ihre Gesellschafter Dritten gegenüber vollständig haften.

Schließen sich Kaufleute zu einer KG zusammen, so haftet nur der Komplementär, der gleichzeitig die Geschäftsführungsbefugnis inne hat, unbeschränkt gegenüber Dritten, während die Kommanditisten nur im Rahmen ihrer Kommanditeinlage haften.

4.2.1.1 Gesellschaft bürgerlichen Rechts

Als einfachste Form einer Gesellschaft liegt sie vor, sobald sich mindestens zwei Personen zur Erreichung eines gemeinsamen Zweckes zusammenschließen.

4.2.1.1.1 Subjekt der Vertretung

Die GbR ist nach herrschender Auffassung keine Einrichtung, in der nur die Gesellschafter vertreten werden, sondern ein eigenes Rechtssubjekt, als das sie am Rechtsverkehr teilnimmt. Die für die Gesellschaft Handelnden handeln nicht für die einzelnen Gesellschafter, sondern für die Gesellschaft selbst, die dann auch Vertragspartner wird.

Neben der Gesellschaft werden aber auch die Gesellschafter berechtigt und verpflichtet, so dass im Ergebnis davon auszugehen ist, dass die Vertreter sowohl im Namen der Gesellschaft als auch im Namen der Gesellschafter handeln.

4.2.1.1.2 Vertreter

Im Gegensatz zu anderen Gesellschaftsformen ist es bei der GbR nicht zulässig, die Gesellschaft durch einen Fremdgeschäftsführer vertreten zu lassen. Erlaubt ist nur die Bevollmächtigung Dritter i.S.d. § 167 BGB (Vollmachterteilung an einen Bevollmächtigten).

Ansonsten wird die Gesellschaft gemäß § 709 i.V.m. § 714 BGB grundsätzlich von den Gesellschaftern im Rahmen einer Gesamtvertretung vertreten (Prinzip der Selbstorganschaft).

Gesamtvertretung bedeutet, dass alle Gesellschafter bei Abschluss eines Geschäftes gemeinsam handeln müssen.

Der Gesellschaftsvertrag kann jedoch Einzelgeschäftsführung vorsehen, so dass einzelnen Gesellschaftern Einzelvertretungsmacht verliehen werden kann, die dann berechtigt sind, alleine zu handeln.

Gemäß § 711 BGB kann jeder andere Gesellschafter, der nicht gehandelt hat, dem Geschäft des handelnden Gesellschafters widersprechen. Dieser Widerspruch ist sodann im Innenverhältnis zwischen den Gesellschaftern hinsichtlich etwaiger Auswirkungen im Rahmen des Gesellschaftsvertrages oder der gesetzlichen Bestimmungen zu würdigen; auf das Außenverhältnis zu dem Vertragspartner hat er keinen Einfluss siehe auch Ziff. 4.2.1.1.7 „Geschäftsführung").

Beispiel 1:
> Die Studenten A, B und C haben zur Examensvorbereitung studienbegleitend die Zeitschrift „Neue Juristische Wochenschrift" abonniert. Nach bestandenem Examen beschließen sie, das Abonnement zu kündigen. Der Einfachheit halber legen sie fest, dass B, zu dem die Zeitschrift immer geschickt wurde, den Vertrag kündigen soll. Ein Gesellschaftsvertrag wurde zwischen A, B und C nicht geschlossen.

A, B und C haben sich zu dem Zweck, die „Neue Juristische Wochenzeitschrift" kostengünstig zu erwerben und gemeinsam zu nutzen, zusammengeschlossen. Damit haben sie eine BGB-Gesellschaft begründet.

Da sie keinen Gesellschaftsvertrag mit einer abweichenden Geschäftsführungsregelung abgeschlossen haben, wird die Gesellschaft von allen Gesellschaftern im Rahmen der Gesamtvertretung vertreten. B kann daher den Vertrag nicht alleine kündigen, das Abonnement muss vielmehr von allen Gesellschaftern gemeinsam gekündigt werden.

4.2.1.1.3 Haftung

Die Vorschriften zur GbR enthalten keine Bestimmungen über die Haftungen.

Insofern gelten für die Haftung der Gesellschafter die allgemeinen Vorschriften. Diese bestehen zum einen in der Haftung aus Übernahme von vertraglichen und (siehe auch oben Teil 2. Bürgerliches Gesetzbuch Ziffn. 2.2 ff.) "vertragsähnlichen Verpflichtungen (Ansprüche auf Vertragserfüllung, Schadensersatzansprüche, culpa in contrahendo und Geschäftsführung ohne Auftrag usw.) sowie gesetzlichen Ansprüchen (Schadensersatz aus unerlaubter Handlung gemäß §§ 823 ff. BGB, Bereicherungsansprüche gemäß §§ 812 ff. BGB und schließlich Ansprüche aus Übertragung von Besitz gemäß § 985 BGB)"(siehe auch oben Teil 2. Bürgerliches Gesetzbuch Ziffn. 2.8 und 2.9 ff.).

Nach der herrschenden Meinung entstehen Verpflichtungen in der BGB-Gesellschaft aufgrund vertraglich übernommener Pflichten im Rahmen der Vertretung.

Nach der Lehre von der Doppelverpflichtung haftet zum einen die Gesellschaft selbst im Rahmen einer Gesamthandsschuld und daneben die Gesellschafter mit ihrem privaten Vermögen. Die Gesellschafter untereinander sind wiederum Gesamtschuldner.

Dies bedeutet im Ergebnis, dass jeder Gesellschafter vollständig und alleine für sämtliche Verbindlichkeiten der Gesellschaft gegenüber Dritten haftet. Ein Ausgleich kann nur im Rahmen der gesamtschuldnerischen Haftung der Gesellschafter im Innenverhältnis erfolgen. Der Gläubiger der Gesellschaft muss jedoch auf die Person, die er in Anspruch nehmen möchte, keine Rücksicht nehmen, sondern kann gegen jeden der Gesellschafter seine Ansprüche durchsetzen.

4.2.1.1.4 Ansprüche gegen Dritte

Die GbR kann eigene Ansprüche selbst geltend machen, sie müssen nicht von ihren Gesellschaftern durchgesetzt werden, da die Gesellschaft nach heute herrschender Meinung selbst Gläubiger wird.

Gerichtlich mussten bisher Ansprüche durch alle Gesellschafter im Rahmen der Gesamthandsklage geltend gemacht werden. Die Gesellschaft ist nach heute h. M. (auch BGH) parteifähig i.S.d. Prozessrechtes (§ 50 ZPO). Die Gesellschafter können auch durch die Bestimmung eines alleinvertretungsberechtigten Gesellschafters bewirken, dass dieser die Gesellschaft vertreten kann.

In der Regel hat bisher die Gesellschaft, vertreten durch ihre Gesellschafter im Rahmen der Gesamthandsklage geklagt Gleiches gilt, wenn die Gesellschaft verklagt wird.

Ausnahmsweise kann ein Gesellschafter einen Anspruch der Gesellschaft im eigenen Namen gemäß § 432 BGB geltend machen, wenn er ein eigenes berechtigtes Interesse darlegen kann, weil die anderen Gesellschafter die Durchsetzung des Anspruchs aus gesellschaftswidrigen Gründen verweigern und der Schuldner der Gesellschaft an dem gesellschaftswidrigen Verhalten der anderen Gesellschafter beteiligt ist. In einem derartigen Fall kann dann eine sog. Gesamthandsklage angestrengt werden. Dies ist aber eine absolute, von der Rechtsprechung zugelassene Ausnahme, die nur bei Vorliegen der genannten Bedingungen möglich ist.

Schließlich besteht noch die Möglichkeit, einen Anspruch gemäß § 744 Abs. 2 BGB durchzusetzen, wonach bei der Bruchteilsgemeinschaft jeder Beteiligte berechtigt ist, die zur Erhaltung des Gegenstandes notwendigen Maßregeln ohne Zustimmung der anderen Teilhaber zu treffen.

Ist zur Erhaltung eines zu der Gesellschaft gehörenden Gegenstandes die gerichtliche Beitreibung einer Forderung notwendig, kann der Anspruch auch von den nicht geschäftsführenden Gesellschaftern durchgesetzt werden.

Beispiel 2:

> Die Gesellschafter X und Y erbringen Dienstleistungen im Bereich des Elektrohandwerks. Sie haben sich zu einer BGB-Gesellschaft zusammengeschlossen, die unter der Bezeichnung „XY Elektro GbR" geführt wird. Nachdem ein Kunde trotz mehrfacher Mahnung nicht gezahlt hat, entschließen sich die Gesellschafter zur Beitreibung der Forderung mittels gerichtlicher Hilfe. Sie wollen einen Mahnbescheid beantragen.
>
> Als BGB-Gesellschaft müssen X und Y zusammen handeln. In den Mahnbescheid müssen ihre beiden Namen mit Vornamen und Anschriften als Antragsteller angegeben werden. Der Name der GbR, unter der sie handeln, kann allenfalls ergänzend als Bezeichnung der Rechtsform angeführt werden.

4.2.1.1.5 Rechtsverhältnis zwischen den Gesellschaftern

Die Rechte und Pflichten der Gesellschafter untereinander werden im Rahmen des Gesellschaftsvertrages geregelt, subsidiär gelten die gesetzlichen Bestimmungen.

Für die BGB-Gesellschaft besteht keine Pflicht zum Abschluss eines schriftlichen Gesellschaftsvertrages. Wird kein schriftlicher Vertrag geschlossen, kann ein mündlicher Vertrag vorliegen. In der Praxis ist hiervon jedoch zu warnen, da es bei der Durchsetzung von Ansprüchen aus dem

Vertrag in diesen Fällen sehr häufig zu Darlegungs- und Beweisschwierigkeiten kommt.

In dem Gesellschaftsvertrag können zum einen deklaratorisch die gesetzlichen Bestimmungen wiederholt werden und zum anderen im Rahmen abdingbarer gesetzlicher Regelungen Änderungen aufgenommen und ergänzend zusätzliche Bestimmungen vereinbart werden.

4.2.1.1.6 Gesetzliche Bestimmungen

Wie schon erwähnt ergeben sich die Rechte und Pflichten der Gesellschafter aus den §§ 705 ff. BGB.

Im Einzelnen ergibt sich hiernach die Verpflichtung zur Leistung von Beiträgen, die Treuepflicht, das Recht und die Pflicht zur Geschäftsführung, Mitverwaltungsrechte, Informationsrechte, Beteiligungsansprüche an Gewinn und Verlust sowie Ausgleichs- und Ersatzansprüche.

4.2.1.1.7 Rechte und Pflichten der Gesellschafter

Die Ansprüche der Gesellschafter unterscheiden sich in Sozialansprüche und Individualansprüche.

Sozialansprüche sind Ansprüche der Gesellschaft gegen den einzelnen Gesellschafter (z.B. auf Beitragsleistung, Einhaltung der Treuepflicht usw.). Korrespondierend hierzu gibt es die Sozialverpflichtungen, z.B. der Anspruch auf Gewinnauszahlung oder Berücksichtigung des Stimmrechts usw.

Ansprüche eines Gesellschafters gegen einen anderen Gesellschafter werden als Individualansprüche bezeichnet. Hierunter fallen unter anderem Ausgleichsansprüche, wenn z.B. ein Gesellschafter eine Gesellschaftsschuld beglichen hat und er die anteiligen Beträge von seinen Mitgesellschaftern verlangt.

Den Ansprüchen gegenüber stehen die Individualverpflichtungen. Dies ist im Umkehrschluss die Verpflichtung des einzelnen Gesellschafters, seinen Anteil an denjenigen Gesellschafter zu bezahlen, der einen Dritten für die Gesellschaft vollständig befriedigt hat.

Die Durchsetzung der Sozialansprüche erfolgt durch Klageerhebung der anderen nicht verpflichteten Gesellschafter, da es dem verpflichteten Gesellschafter (Gesellschafter-Schuldner) nicht zugemutet werden kann, gegen sich selbst zu klagen.
Individualansprüche sind im Wege der Klage des anspruchsberechtigten Gesellschafters gegen den anpruchsverpflichteten Gesellschafter zu führen. Eine Beteiligung der Gesellschaft erfolgt hier nicht.

- **Pflicht zur Beitragszahlung**

Zur Förderung des Gesellschaftszweckes werden im Gesellschaftsvertrag Beitragspflichten festgelegt. Dies sind insbesondere Pflichten zur Einlage von Barmitteln oder Gegenständen oder die Erbringung von Arbeitsleistung. Die Erbringung dieser Beiträge ist eine Hauptpflicht eines jeden Gesellschafters.

- **Treuepflicht**

Die Gesellschafter schließen sich im Rahmen der Gesellschaft als Personengemeinschaft zusammen, um einen bestimmten Zweck zu erreichen. Daher liegt bei ihnen eine stärkere persönliche Bindung vor als bei sonstigen Vertragsverhältnissen. Hieraus ergibt sich die Pflicht, im Interesse der

Gesellschafter zu handeln und alles zu unterlassen, was die Zweckerreichung der Gesellschaft gefährdet.

Die Treuepflicht ist gegenüber der Gesellschaft und auch unter den Gesellschaftern zu wahren.

Ausfluss der Treuepflicht ist z.B. das allgemein geltende Wettbewerbs-(Konkurrenz-)verbot, dass es jedem Gesellschafter untersagt, zu der Gesellschaft durch eigenes Handeln in Konkurrenz zu treten.

Im Rahmen des Rechtes und der Pflicht zur Geschäftsführung müssen die Gesellschafter gemäß den §§ 709 – 713 BGB die zur Verfolgung des Gesellschaftszweckes notwendigen Tätigkeiten verrichten.

- **Geschäftsführung**

Die Geschäftsführung ist grundsätzlich durch alle Gesellschafter zu leisten, sofern nicht Gesamtgeschäftsführung einiger der Gesellschafter oder Alleingeschäftsführung durch einen Gesellschafter vereinbart wurde.

Aus der Festlegung der Vertretung im Rahmen der Geschäftsführung ergeben sich auch die Rechte der einzelnen Gesellschafter auf Ausübung ihrer Geschäftsführertätigkeit.

Bei schuldhafter Verletzung der Geschäftsführungspflichten durch den geschäftsführenden Gesellschafter kann die Gesellschaft Ersatz eines ihr etwa entstandenen Schadens verlangen. Mit einstimmigem Beschluss kann die Gesellschaft bei Vorliegen eines wichtigen Grundes i.S.d. § 712 BGB dem geschäftsführenden Gesellschafter die Geschäftsführungsbefugnis entziehen.

- **Mitverwaltungsrechte**

Gem. den §§ 713, 666 BGB stehen den Gesellschaftern Informationsrechte zu. Sie betreffen insbesondere die Einsichtnahme von Handelsbilanzen und Geschäftsunterlagen, Informationen über das Gesellschaftsvermögen etc. Auch die Ausübung des Stimmrechtes im Rahmen von Gesellschafterbeschlüssen sind Ausfluss des Mitverwaltungsrechtes.

- **Gewinn- und Verlustbeteiligung**

In dem Gesellschaftsvertrag ist schließlich die Beteiligung der einzelnen Gesellschafter an Gewinn und Verlust festzulegen.

Entbehrt der Gesellschaftsvertrag einer Regelung, sind die Gesellschafter gemäß § 752 Abs. 1 BGB zu gleichen Teilen am Gewinn und Verlust beteiligt.

Üblicherweise wird man die Gewinn- und Verlustbeteiligung an die Einlagen und damit an die Beteiligungshöhe an der Gesellschaft knüpfen. Diesbezüglich existieren aber höchst unterschiedliche Verteilungsmethoden.

Da § 707 BGB keine Nachschusspflicht der Gesellschafter vorsieht, ist auch eine jährliche Verlustverteilung bei der BGB-Gesellschaft nicht durchsetzbar, es sei denn sie ist vertraglich vereinbart. Zu einem Verlustausgleich kommt es daher i.d.R. erst bei Auflösung der Gesellschaft. Hiervon unabhängig entsteht jedoch meistens die Notwendigkeit des Verlustausgleichs wegen der Geltendmachung von Forderungen Dritter, die durch die Gesellschaft beglichen werden müssen. Hierzu sind wiederum Einlagen der Gesellschafter nötig, die sich verlustmindernd auswirken.

- **Sonstige Ansprüche**

Im Innenverhältnis entstehen schließlich noch Ansprüche der Gesellschafter auf Ersatz von Auslagen, die sie für die Gesellschaft getätigt haben, z.B.

im Rahmen der Tilgung einer Gesamthandschuld. Der Anspruch richtet sich zunächst gegen die Gesellschaft, kann er dort nicht durchgesetzt werden, können die Mitgesellschafter als Gesamtschuldner i.S.d. § 426 Abs. 1 BGB zur Ausgleichspflicht herangezogen werden.

Die Haftung der Gesellschafter persönlich ist subsidiär und tritt dementsprechend erst ein, wenn der Gesellschafter seinen Anspruch gegenüber der Gesellschaft nicht durchsetzen kann.

4.2.1.1.8 Beschlussfassung

Gesellschafterversammlungen können jederzeit von jedem Gesellschafter einberufen werden, wenn ein wichtiger Grund vorliegt. Ansonsten sind sie durch die in dem Gesellschaftsvertrag bestimmte Person, i.d.R. durch den Geschäftsführer, einzuberufen.

In den Gesellschafterversammlungen fassen die Gesellschafter durch Stimmabgabe der einzelnen Gesellschafter über kraft Gesetzes oder Vereinbarung (Gesellschaftsvertrag) erforderliche Angelegenheiten Beschlüsse. Beschlussfassungen erfolgen unter anderem bei der GbR bezüglich der gemeinschaftlichen Geschäftsführung, der Geschäftsführungs- und Vertretungsbefugnis und insbesondere bezüglich jedweder Änderungen des Gesellschaftsvertrages.

Die Beschlussfassung kann jederzeit in beliebiger Weise erfolgen, soweit der Gesellschaftsvertrag keine Pflicht zur Anfertigung eines Protokolls vorsieht, ist dieses entbehrlich. Für die Praxis ist dies jedoch zu empfehlen, um auch nach Ablauf größerer Zeiträume noch feststellen zu können, welche Beschlüsse seitens der Gesellschaft gefasst wurden.

Die Beschlussfassung erfolgt grundsätzlich unter Beteiligung aller Gesellschafter, sofern nicht das Stimmrecht einzelner Gesellschafter ausgeschlossen ist. Die vom Stimmrecht ausgeschlossenen Gesellschafter sind jedoch trotzdem zur Gesellschafterversammlung einzuladen.

Stimmrechtsausschlüsse können aufgrund vertraglicher Vereinbarung oder kraft Gesetzes entstehen, wenn z.B. über die Entlastung eines Gesellschafters als geschäftsführendem Gesellschafter die Befreiung einer Verbindlichkeit etc. beschlossen werden soll.

Die Beschlussfassung erfolgt grundsätzlich aufgrund einstimmigen Beschlusses (§ 709 Abs. 1 BGB).

Abweichend hiervon kann jedoch die Beschlussfassung durch die Mehrheit der Stimmen vereinbart werden.

Eine derartige Regelung empfiehlt sich für die Praxis, insbesondere bei aus mehreren oder vielen Personen bestehenden Gesellschaften, da ansonsten kaum noch Beschlüsse herbeigeführt werden können.

Im Rahmen der Beschlussfassung kann es zu fehlerhaften Beschlüssen kommen. Fehler können zum einen bei Beschlüssen gegen gesetzliche Verbote (§ 134 BGB) oder Verstößen gegen die guten Sitten (§ 138 Abs. 1 BGB) vorkommen. Derartige Beschlüsse sind grundsätzlich nichtig und dementsprechend nicht zu beachten.

Außerdem können fehlerhafte Beschlüsse durch Mängel bei der Stimmabgabe oder Treuepflichtverstößen etc. entstehen. Sie führen nur zur Unwirksamkeit des Beschlusses, wenn der Beschluss auf dem Mangel beruht. Ein derartiger Fall liegt z.B. vor, wenn Einstimmigkeit erforderlich ist und aufgrund der fehlerhaften Stimmabgabe somit nicht alle Stimmen abgegeben wurden, womit ein einstimmiger Beschluss nicht zustande gekommen ist. Ansonsten entstehen Rechtsfolgen nur, wenn die fehlerhafte Stimmabgabe dazu führt, dass das vertraglich vereinbarte Mehrheitserfordernis nicht erreicht wird.

Schließlich können auch noch Mängel im Rahmen des Beschlussverfahrens entstehen, wenn z.B. aufgrund einer fehlenden oder nicht fristgerechten Einladung beschlossen wird. Hier entstehen Rechtsfolgen nur, wenn der Verfahrensverstoß für das Beschlussergebnis kausal geworden ist. Sind trotz fehlerhafter Einladung alle Gesellschafter zu der Gesellschafterversammlung erschienen, ist dies nicht der Fall und der Verfahrensverstoß führt nicht zur Unwirksamkeit des Beschlusses. Fehlt hingegen ein Gesellschafter, so muss vermutet werden, dass dieser aufgrund der fehlerhaften Einladung nicht erschienen ist und der Beschluss ist demzufolge nichtig.

Verfahrensverstöße gegen Regeln, die lediglich Ordnungscharakter haben, führen nicht zur Nichtigkeit oder Unwirksamkeit eines Beschlusses (z.B. Verletzung der Protokollführungspflicht).

4.2.1.1.9 Gesellschaftsvermögen

Die Gesellschaft als Träger des Gesamthandsvermögens ist damit auch Inhaberin des Gesellschaftsvermögens.

Das Gesellschaftsvermögen besteht aus den Beiträgen, die die Gesellschafter an die Gesellschaft zu leisten haben, die durch die Geschäftsführung erworbenen Gegenstände und allen Rechten und Schadensersatzleistungen aufgrund Zerstörung, Beschädigung oder Entziehung von Gesellschaftsvermögen (Surrogationserwerb) – vgl. § 718 BGB.

Gemäß § 719 Abs. 1 BGB kann der einzelne Gesellschafter nicht über das gesamte Gesellschaftsvermögen verfügen, auch nicht über seinen Anteil.

Der einzelne Gesellschafter kann gemäß § 719 Abs. 1 BGB auch keine Teilung des Vermögens verlangen. Die Teilung erfolgt lediglich im Rahmen der aufgrund einer Kündigung durchzuführenden Auseinandersetzung der Gesellschaft.

Der Kapitalanteil an der Gesellschaft kennzeichnet den Wert der Einlage und i.d.R. auch den Umfang der Beteiligung - auch hinsichtlich der Gewinnbeteiligung und der Stimmrechte sowie des Abfindungsanspruchs eines Gesellschafters bei Liquidation der Gesellschaft.

Beispiel 3:
> Die Studenten A, B und C, die gemeinsam die „Neue Juristische Wochenschrift" für einen Zeitraum von drei Jahren abonnierten und das Abonnement nach bestandenen Examina kündigten, wollen jetzt ihre Gesellschaft auflösen. A verlangt ein Drittel des Gesellschaftsvermögens, nämlich einen Jahrgang der „Neue Juristische Wochenschrift" (NJW), und zwar den ersten Jahrgang.
> Die drei Jahrgänge der NJW sind Gesamthandsvermögen der BGB-Gesellschaft. Ein einzelner Gesellschafter kann keinen, auch nicht einen seinem Anteil entsprechenden Teil des Gesamthandsvermögens herausverlangen. Die Gesellschafter müssen die Liquidation beschließen oder ein Gesellschafter, evtl. A, muss die Gesellschaft kündigen. Die Kündigung hat dann die Liquidation zur Folge. Im Rahmen der Liquidation werden die drei Jahrgänge der NJW nach den Beteiligungsverhältnissen der Gesellschafter A, B und C an diese aufgeteilt. Aufgrund der Unterschiedlichkeit des Gesellschaftsvermögens ist eine Drittelung nicht ohne weiteres möglich. Können sich die Gesellschafter nicht auf die Verteilung der einzelnen Jahrgänge auf die Gesellschafter einigen, muss das Gesellschaftsvermögen, die drei Jahrgänge der NJW, im Rahmen der Liquidation veräußert werden. Der erzielte Veräußerungserlös in Geld wird sodann nach Abzug der Abwicklungskosten anteilig auf die Gesellschafter A, B und C verteilt. Vgl. auch Ziff. 4.2.1.1.11 (Beendigung der Gesellschaft).

4.2.1.1.10 Gesellschafterwechsel und Tod eines Gesellschafters

Ein Wechsel im Gesellschafterkreis kann nur aufgrund gesellschaftsvertraglicher Vereinbarung oder gesetzlicher Tatbestände erfolgen. Neben den vertraglichen Regelungen kommen insbesondere der wichtige Grund zum Ausschluss eines Gesellschafters und der Eintritt eines gesetzlichen Auflösungsgrundes in Betracht.

Gesetzliche Auflösungsgründe sind z.B. der Tod eines Gesellschafters (§ 727 BGB), die Insolvenzeröffnung über das Vermögen eines Gesellschafters (§ 728 BGB), die Kündigung durch den Gesellschafter gemäß § 723 BGB und die Kündigung durch einen Privatgläubigers des Gesellschafters gemäß § 725 BGB.

Während der Eintritt eines wichtigen Grundes in der Person eines Gesellschafters und spezielle vertragliche Regelungen nur zum Ausschluss eines Gesellschafters führen, ist die Rechtsfolge bei Vorliegen eines vertraglichen oder gesetzlichen Auflösungsgrundes die Auflösung der Gesellschaft. Die Auflösung kann im Zweifel durch Erhebung einer Auflösungsklage durch einen Gesellschafter herbeigeführt werden.

Da die Kündigung der Gesellschaft auch zur Auflösung führt, ist es in der Praxis empfehlenswert, in den Gesellschaftsvertrag eine Kündigungsregelung aufzunehmen, um die Auflösung der Gesellschaft zu vermeiden. Außerdem sollten Regelungen über die Übernahme des Anteils des ausscheidenden Gesellschafters vorgesehen werden. In diesem Zusammenhang bietet sich auch die Aufnahme von Regelungen über die Abfindungsvergütung aufgrund des Ausscheidens an, da damit Härten für die Gesellschaft und damit die verbleibenden Gesellschafter vermieden werden.

Im Zusammenhang mit dem Ausscheiden aus der Gesellschaft ist von dem ausscheidenden Gesellschafter zu beachten, dass er für Verbindlichkeiten der Gesellschaft, die während seiner Mitgliedschaft in der Gesellschaft begründet wurden, weiterhin haftet (Nachhaftung im Außenverhältnis gegenüber Dritten), und zwar für einen Zeitraum von bis zu dreißig Jahren gemäß § 195 BGB. Die Verjährung der Haftung verkürzt sich auf fünf Jahre gemäß § 736 Abs. 1 BGB und § 160 HGB, wenn im Gesellschaftsvertrag bestimmt ist, dass im Falle der Kündigung oder des Versterbens eines Gesellschafters oder wenn das Insolvenzverfahren über sein Vermögen eröffnet wird, die Gesellschaft unter den übrigen Gesellschaftern fortbestehen soll. Die Verjährungsfrist beginnt mit dem Ende des Tages, an dem der Gläubiger von dem Ausscheiden des Gesellschafters Kenntnis erlangt hat.

Im Rahmen seines Ausscheidens hat der Gesellschafter andererseits Anspruch auf Rückgabe von Gegenständen, die er der Gesellschaft überlassen hat (§ 738 Abs. 1 BGB), Anspruch auf Schuldbefreiung von gemeinschaftlichen Schulden im Innenverhältnis (Freistellung von gemeinschaftlichen Schulden) und gegebenenfalls Anspruch auf Auszahlung einer Abfindung. Ein Gesellschafterwechsel kann in entsprechender Anwendung von § 142 HGB auch erfolgen, indem aufgrund Vereinbarung das gesamte Geschäft einer GbR ohne Liquidation mit allen Aktiven und Passiven von einen oder mehreren anderen übernommen wird.

Hierneben kommt die Möglichkeit des Ausscheidens eines Gesellschafters und der gleichzeitige Eintritt eines neuen Gesellschafters, entweder durch Doppelvertrag, in dem der Ausscheidende und der Eintretende jeweils einen separaten Vertrag über das Ausscheiden bzw. das Eintreten mit den übrigen Gesellschaftern abschließen oder durch Abtretung des Gesellschaftsanteils von dem ausscheidenden an den eintretenden Gesellschafter (vgl. §§ 398, 413 BGB). In diesen Fällen ist nach Gesetz die Zustimmung der übrigen Gesellschafter erforderlich, abweichende Vereinbarungen können im Gesellschaftsvertrag geregelt werden.

Im Falle des Todes eines Gesellschafters wird die Gesellschaft aufgelöst, soweit keine abweichenden Vereinbarungen in dem Gesellschaftsvertrag niedergelegt wurden.

Die Gesellschafter können abweichend von der Auflösung im Rahmen einer reinen Fortsetzungsklausel vereinbaren, dass die Gesellschaft unter den verbleibenden Gesellschaftern fortgesetzt wird. Sie können ferner eine Nachfolgeklausel beschließen, die das automatische Eintreten eines Dritten in die Gesellschafterstellung des Verstorbenen vorsieht. Schließlich können sie eine Eintrittsklausel vereinbaren, wonach ein Dritter das Recht erhält, in die Gesellschafterstellung des Verstorbenen einzutreten, und zwar zu einem von dem Eintretenden selbst zu bestimmenden Zeitpunkt.

Die letztere Klausel enthält nicht die Automatikfunktion der Nachfolgeklausel, da bei der Eintrittsklausel der eintretende Gesellschafter selbst den Zeitpunkt seines Beitritts bestimmt.

Beispiel 4:
> Nachdem die Gesellschafter X, Y und Z während vieler Jahre einen Handwerksbetrieb führten, verstarb schließlich Z. X und Y wollten die Gesellschaft weiterführen. Ein Gesellschaftsvertrag existierte nicht.
> Der Tod eines Gesellschafters führt zwingend zur Auflösung der Gesellschaft, sofern in dem Gesellschaftsvertrag nichts anderes geregelt ist. X und Y können die Gesellschaft somit nicht fortführen. Sie müssen im Wege der Auflösung eine Einigung mit den Erben des Z herbeiführen und sodann eine neue BGB-Gesellschaft gründen, die ggfls. die gesamten Geschäfte der XYZ-BGB-Gesellschaft übernimmt.

4.2.1.1.11 Beendigung der Gesellschaft

Sobald ein Auflösungsgrund vorliegt oder die Liquidation bzw. Auseinandersetzung der Gesellschaft beschlossen wurde, erfolgt die Abwicklungsphase. Die laufenden Geschäfte werden abgewickelt, sämtliche Verbindlichkeiten werden bezahlt und das danach verbleibende Gesellschaftsvermögen wird sodann unter den Gesellschaftern verteilt (vgl. §§ 733, 734 BGB).

Können die Verbindlichkeiten aus dem Gesellschaftsvermögen nicht beglichen werden, müssen die Gesellschafter nachschießen gemäß § 735 BGB. Nach Abwicklung der Gesellschaft bleibt die persönliche Haftung der Gesellschafter bestehen, wenn z.B. nach Abwicklung noch irgendwelche Forderungen geltend gemacht werden, die im Rahmen der Verteilung nicht berücksichtigt wurden oder werden konnten. Die Gesellschafter haften dann mit ihrem Privatvermögen.

Nach dem Abschluss des Auseinandersetzungs- bzw. Liquidationsverfahrens ist die Gesellschaft sodann beendet.

4.2.1.1.12 Sonderform: Gesellschaft bürgerlichen Rechts mit beschränkter Haftung

Als besondere Gesellschaftsform kann die Gesellschaft bürgerlichen Rechts mit beschränkter Haftung (GbRmbH) in diesem Zusammenhang genannt werden. Es handelt sich hierbei um einen Zusammenschluss unbeschränkt haftender Gesellschafter, die ihre Haftung aufgrund Individualvereinbarung mit denjenigen Dritten, mit denen sie im Rechtsverkehr in Kontakt treten, beschränken. Eine übliche Beschränkung liegt in der Haftungsbegrenzung auf das Vermögen der Gesellschaft.

Üblicherweise wird mit dem Briefbogen, der gegebenenfalls auch einen Auftrag oder eine Bestellung enthält, auf die Haftungsbegrenzung hingewiesen. Kontrahiert der Vertragspartner trotz dieser vorgegebenen Haftungsbeschränkung, erklärt er hierzu sein Einverständnis und kann die Gesellschafter nur im Rahmen der Haftungsbegrenzungen in Anspruch nehmen.

Diese Rechtsform stellt eine Alternative im Bereich der vermögensverwaltenden Gesellschaften dar, die häufig als Gesellschaften bürgerlichen Rechts geführt werden.

Wichtig ist für diese Form der Haftungsbegrenzung, dass sie gegenüber dem Vertragspartner deutlich als Voraussetzung zum Abschluss des Geschäftes dargestellt wird.

Die Rechtsprechung des Bundesgerichtshofes hierzu ist sehr restriktiv, im Zweifel greift die Haftungsbegrenzung nicht ein. Nicht ausreichend ist jedenfalls der alleinige Rechtsformzusatz „GbRmbH".

4.2.1.2 Offene Handelsgesellschaft

Eine BGB-Gesellschaft, die Handelsgeschäfte i.S.d. Handelsgesetzbuches betreibt, ist eine oHG.

4.2.1.2.1 Subjekt der Vertretung

Da bei den Personenhandelsgesellschaften durch ihren Vertreter regelmäßig nicht die einzelnen natürlichen Personen, sondern die Gesellschaft verpflichtet wird, ist regelmäßig Subjekt der Vertretung die Gesellschaft, im vorliegenden Fall die oHG.

4.2.1.2.2 Vertreter

Vertretungsberechtigte der Personenhandelsgesellschaften sind die persönlich haftenden Gesellschafter (vgl. §§ 125, 126, 161 Abs. 2 HGB). Das Vertretungsrecht ergibt sich aus dem Gesellschaftsvertrag (Satzung) der Gesellschaft und entsteht nicht aufgrund einer rechtsgeschäftlichen Bevollmächtigung. Es wird in diesem Zusammenhang auch von einer organschaftlichen Vertretung gesprochen.

Da bei der oHG alle Gesellschafter persönlich haften, sind sie auch alle vertretungsberechtigt. Nach dem Gesetz sind sie grundsätzlich einzelvertretungsberechtigt (vgl. § 125 Abs. 1 HGB).

Im Rahmen des Gesellschaftsvertrages kann gem. § 125 Abs. 2 HGB vereinbart werden, dass einige oder alle Gesellschafter nur zur gemeinschaftlichen Vertretung berechtigt sind. Es wird dann von echter Gesamtvertretung gesprochen. Außerdem kann angeordnet werden, dass die Gesellschafter nur in Gemeinschaft mit einem Prokuristen zur Vertretung berechtigt sind, dies sind die Fälle der sogenannten unechten Gesamtvertretung.

Neben dieser organschaftlichen Vertretung finden auf die Personengesellschaften und hier die oHG auch die sonstigen allgemeinen Regeln des Vertretungsrechts Anwendung. Dies bedeutet, dass auch andere Personen, die nicht Gesellschafter sind, die Gesellschaft im Rahmen einer Prokura (vgl. §§ 48 ff. HGB), einer Handlungsvollmacht (vgl. § 54 f. HGB), einer gesetzlichen Vertretungsmacht für einen Ladenangestellten (vgl. § 56 HGB) oder eine allgemeine Vertretung i. S. der §§ 164 ff. BGB vertreten können.

Im Gesellschaftsvertrag können auch Beschränkungen der Vertretungsmacht niedergelegt werden, die allerdings gem. § 126 Abs. 2 HGB im Außenverhältnis unwirksam sind. Im Außenverhältnis kann sich aber ein Dritter auf die Vertretungsmacht eines für die Gesellschaft Handelnden nicht berufen, wenn die Grundsätze des Missbrauchs der Vertretungsmacht (Kollusion) oder allgemeiner Missbrauch der Vertretungsmacht eingreifen.

Schließlich erstreckt sich bei den Personengesellschaften die Vertretungsmacht der Gesellschafter nicht auf sogenannte Grundlagengeschäfte auf der Ebene des Gesellschaftsvertrages.

Beispiel 5:
> A, B und C betreiben eine oHG, deren Unternehmensgegenstand der An- und Verkauf von gebrauchten Kraftfahrzeugen ist. Sie beschäftigen einen Verkäufer, dem sie Einzelprokura erteilt haben, die auch im Handelsregister eingetragen ist. Ihren Geschäftsfreunden teilen sie die Abrede mit dem Prokuristen mit, dass dieser keine Gebraucht-Kraftfahrzeuge ankaufen darf.
> Wenige Tage später erfährt der Prokurist von einem günstigen Fahrzeug, das er für die oHG mittels Kaufvertrages erwirbt. Die oHG fühlt sich an den Kaufvertrag jedoch nicht gebunden.
> Da der Prokurist im Rahmen seiner erteilten und im Handelsregister eingetragenen Prokura gehandelt hat, ist der Kaufvertrag mit dem Dritten im Außenverhältnis normalerweise wirksam. Da die Geschäftspartner aber über die Einschränkung der Vertretungsmacht von der oHG informiert wurden, hat der Verkäufer des Gebrauchtwagens wider besseres Wissen gehandelt und kann sich damit nicht auf die im Handelsregister eingetragene Prokura berufen. Der Kaufvertrag ist nicht wirksam zustande gekommen, die oHG muss das Kraftfahrzeug nicht abnehmen und bezahlen.

4.2.1.2.3 Haftung

Im Gegensatz zur BGB-Gesellschaft haftet die oHG aufgrund ihrer Teil-Rechtsfähigkeit selbst (§ 124 Abs. 1 HGB). Hieraus folgt auch, dass die oHG verpflichtet ist, die in ihrem Namen abgeschlossenen Verträge gegenüber Dritten zu erfüllen.

Nach herrschender Meinung ist für die Zurechnung schuldhaften Verhaltens § 31 BGB analog anwendbar. Dies bedeutet, dass die Gesellschaft für alle Schäden haftet, die ihre Vertreter in Ausführung der ihnen zustehenden Verrichtungen durch eine zum Schadensersatz verpflichtende Handlung einem Dritten zufügen. Vertreter in diesem Sinne sind nur die aufgrund Gesellschaftsvertrages berufenen Vertreter, d. h. die Gesellschafter, nicht sonstige Bevollmächtigte.

In Ausführung der ihm zustehenden Verrichtungen handelt ein Gesellschafter, wenn er eine Aufgabe aus dem ihm zugewiesenen Wirkungskreis erfüllt, dies wiederum bedeutet, dass er im Rahmen der ihm aufgrund Gesellschaftsvertrages oder Gesetz zugewiesenen Funktionen für die Gesellschaft tätig ist.

- **Haftung der Gesellschafter**

Neben der Haftung einer Gesellschaft als selbstständigem Rechtsträger sowohl für Erfüllung als auch schuldhaftes Verhalten, haften die Gesellschafter ebenfalls für Verbindlichkeiten der Gesellschaft gem. § 128 HGB. Es handelt sich hierbei um eine selbstständige akzessorische Schuld.

Die Gesellschafter haften den Gläubigern der Gesellschaft als Gesamtschuldner persönlich. Sie haften persönlich und unbeschränkt, somit auch mit ihrem gesamten Privatvermögen.

Die Gesellschafter haften nicht subsidiär, sondern primär und unmittelbar. Dies bedeutet, dass ein Gläubiger von einem oder mehreren Gesellschaftern sofort, ohne die Gesellschaft zuvor in Anspruch genommen zu haben, Erfüllung der Gesellschaftspflicht verlangen kann. Sie haften außerdem jeweils für die Erbringung der gesamten Gesellschaftsverbindlichkeit, gleichgültig aus welchen Gründen diese entstanden ist. Schließlich kann der Gläubiger die gesamte Leistung von einem einzelnen Gesellschafter verlangen, jedoch insgesamt nur einmal gemäß §§ 421 ff. BGB.

Obige Grundsätze basieren auf der nach heute herrschender Meinung geltenden Erfüllungstheorie, wonach jeder Gesellschafter grundsätzlich in gleicher Weise wie die Gesellschaft zur Erfüllung verpflichtet ist.

Hintergrund dieser umfassenden Haftung ist das bei der oHG fehlende Haftungskapital, wodurch die Haftung der Gesellschafter zum Schutz der Gesellschaftsgläubiger erforderlich wird. Weiterer Hintergrund ist, dass die Gläubiger zunächst nur gegen die oHG vorgehen könnten, sofern sie auf Erfüllung bestehen, würden die Gesellschafter nur auf Schadensersatz haften. Aufgrund der geltenden Erfüllungstheorie können sie aber auch von den Gesellschaftern Erfüllung der Gesellschaftsleistung verlangen, so dass sie sich nicht vor Geltendmachung eines Anspruchs entscheiden müssen, ob sie Schadensersatz oder Erfüllung begehren wollen.

Einschränkend hierzu werden wiederum die Gesellschafter geschützt, wenn die Erfüllung dem einzelnen Gesellschafter unmöglich oder unzumutbar ist. Dies gilt z.B. für Fälle der Übereignung einer Sache aus dem Gesellschaftsvermögen, wenn die Abgabe der dazu notwendigen Willenserklärungen erforderlich ist, die Übereignung von Sachen, die sich im Privatvermögen eines Gesellschafters (eines anderen) befinden, die Erbringung von personenbezogenen Leistungen, unvertretbaren Handlungen, Unterlassungsverpflichtungen, die Herausgabe von Sachen aus dem Gesellschaftsvermögen.

Unbeachtlich sind sie Grundsätze der Erfüllungstheorie und der hierzu geltenden Ausnahmen bei Geldschulden, da in diesen Fällen kein Unterschied zwischen Erfüllung und Schadensersatz besteht.

Wird ein Gesellschafter in Anspruch genommen, so kann er gem. § 129 HGB alle Einwendungen geltend machen, die ihm aus dem persönlichen Verhältnis mit dem Gesellschaftsgläubiger zustehen und außerdem diejenigen, die der Gesellschaft zustehen. § 129 Abs. 1 HGB erfasst alle Einreden und Einwendungen aus § 242 HGB.

Im Rahmen der Verjährung ist nicht maßgeblich, ob die Forderung des Gläubigers gegen die Gesellschaft verjährt ist, wenn er vor Ablauf de Verjährung Klage gegen einen Gesellschafter erhoben hat. Da der Gesellschafter auf Erfüllung haftet, kann der Gläubiger von ihm die Leistung verlangen, auch wenn sie zwischenzeitlich gegenüber der Gesellschaft verjährt ist.

Gemäß § 129 Abs. 2 HGB steht dem Gesellschafter ein Leistungsverweigerungsrecht zu, wenn die Gesellschaft zur Anfechtung berechtigt ist. Hierbei kann es sich z.B. um Fälle des Irrtums und der arglistigen Täuschung handeln.

Kann sich der Gläubiger durch Aufrechnung gegen eine fällige Forderung der Gesellschaft befriedigen, kann der Gesellschafter die Leistung an den Gläubiger gem. § 129 Abs. 3 HGB verweigern.

In analoger Anwendung des § 129 Abs. 2 und 3 HGB stehen dem Gesellschafter auch Leistungsverweigerungsrechte bei anderen Gestaltungsrechten zu. Hier sind die u. a. die Fälle des Rücktritts, der Wandlung und Minderung betroffen.

Beispiel 6:
> Die Gesellschafter A, B und C haben sich zur Zahlung von Einlagen i.H.v. jeweils EUR 5.000,00 verpflichtet. A und B kommen ihren Zahlungspflichten unmittelbar nach. C bezahlt zunächst nur EUR 2.500,00. Nachdem die Gesellschaft in einen Liquiditätsengpass ge-

kommen ist und C immer noch nicht die weiteren EUR 2.500,00 bezahlt hat, klagt B, um die Gesellschaft zu erhalten, den Anspruch der oHG vor dem zuständigen Gericht gegen C i.H.v. EUR 2.500,00 in eigenem Namen ein. Es handelt sich hierbei um einen Fall der actio pro socio, für dessen Zulässigkeit lediglich wichtig ist, dass C im Rahmen seines Klageanspruchs nicht die Zahlung der EUR 2.500,00 an sich, sondern an die oHG verlangt.

- **Haftung der Scheingesellschaft**

Treten die Gesellschafter einer Gesellschaft nach außen als oHG auf, obwohl sie in Wahrheit z.B. eine BGB-Gesellschaft oder eine GmbH sind, so besteht gutgläubigen Dritten gegenüber eine Haftung entsprechend dem gesetzten Rechtsschein, d.h. die Gesellschafter haften wie Gesellschafter einer oHG. Voraussetzung ist, dass der Dritte gutgläubig ist, er also z.B. nicht weiß, dass es sich um eine GmbH, d.h. eine Gesellschaft mit beschränkter Haftung, handelt.

Es gilt somit der Grundsatz, dass die Gesellschafter der sogenannten Scheingesellschaft entsprechend dem erzeugten Schein haften. Wichtig zu bemerken ist jedoch, dass es sich hier jeweils um die Haftung der Gesellschafter handelt, die nicht existierende Gesellschaft haftet nicht.

4.2.1.2.4 Ansprüche gegen Dritte

Da Personengesellschaften in Form der oHG weitgehend Rechtssubjekte sein können, die gem. § 124 HGB unter ihrer Firma Rechte erwerben und Verpflichtungen eingehen können, sind sie auch bezüglich Ansprüchen gegen Dritte selbst anspruchsberechtigt (§ 124 Abs. 1 HGB). Sie können ihre Ansprüche auch gerichtlich durch Klagen im Namen der Gesellschaft auf Leistung gegen die Dritten Schuldner geltend machen. Kläger ist somit die Gesellschaft, vertreten durch ihre Gesellschafter.

Im Wege der sogenannten actio pro socio kann allerdings auch ein Gesellschafter einen Anspruch der Gesellschaft gegen einen anderen Gesellschafter geltend machen, sofern er Leistung an die Gesellschaft verlangt. Hat ein Gesellschafter an der Geltendmachung eines Anspruchs ein berechtigtes Interesse, so kann er ausnahmsweise ein Recht der Gesellschaft im eigenen Namen gem. § 432 BGB geltend machen. Dies gilt zum Beispiel für Fälle, in denen die anderen Gesellschafter die Beitreibung einer Forderung aus gesellschaftswidrigen Gründen verweigern und der Schuldner an dem gesellschaftswidrigen Verhalten der anderen Gesellschafter beteiligt ist.

Schließlich besteht auch die Möglichkeit, eine Forderung gerichtlich gem. § 774 Abs. 2 BGB beizutreiben, wenn dies zur Erhaltung eines zur Gemeinschaft gehörenden Gegenstandes erforderlich ist. Es handelt sich hierbei um Maßnahmen der sogenannten Notgeschäftsführung, die lediglich eingreifen, wenn eine andere Form der Durchsetzbarkeit nicht möglich ist.

4.2.1.2.5 Rechtsverhältnis zwischen den Gesellschaftern

Bezüglich der Rechte und Pflichten der Gesellschafter ist zunächst grundsätzlich auf die Regelungen für die BGB-Gesellschaft (s.o. 4.2.1.1.5) zu verweisen. Ergänzend hierzu gelten die Regeln gem. §§ 109 bis 122 HGB. Bei der Geltendmachung der sogenannten Sozialansprüche ist im Gegensatz zur BGB-Gesellschaft die Personenhandelsgesellschaft Klägerin (vgl. § 124 Abs. 1 HGB). Dies gilt insbesondere für die Fälle der oben schon erwähnten actio pro socio.

4.2.1.2.6 Rechte und Pflichten der Gesellschafter

- **Wettbewerbsverbot/Treuepflicht**

Für die Personenhandelsgesellschaften gilt außerdem das Wettbewerbsverbot gemäß § 112 HGB. Es handelt sich hierbei um ein Wettbewerbsverbot während der Mitgliedschaft bei der Gesellschaft, das mit Ausscheiden endet. Es untersagt dem Gesellschafter, in dem gleichen Handelszweig wie die Gesellschaft tätig zu werden oder sich an einer anderen Gesellschaft als persönlich haftender Gesellschafter zu beteiligen, wenn diese Gesellschaft gleichartige Handelsgeschäfte betreibt.

Macht ein Gesellschafter der Gesellschaft dennoch Wettbewerb, steht der Gesellschaft ein Unterlassungsanspruch bzw. ein Schadensersatzanspruch gem. § 113 Abs. 1 HGB zu. Außerdem hat die Gesellschaft Anspruch auf Eintritt in das Rechtsgeschäft gemäß § 113 Abs. 1 2. Halbsatz HGB. Dieses Eintrittsrecht führt jedoch nur dazu, dass die Gesellschaft im Innenverhältnis verlangen kann, dass das Geschäft als für eigene Rechnung durchgeführt gilt und nicht für Rechnung des Gesellschafters. Es entfaltet keine Außenwirkung, d.h. die Gesellschaft kann nicht gegenüber Dritten irgendwelche Rechte geltend machen.

- **Geschäftsführung**

Bei den Personenhandelsgesellschaften wird zwischen gewöhnlichen Geschäftsführungsaufgaben und ungewöhnlichen Geschäftsführungsaufgaben unterschieden (vgl. § 116 HGB).

Gewöhnliche Geschäftsführungsaufgaben berechtigen jeden einzelnen persönlich haftenden Gesellschafter zum Handeln mit der Folge eines Widerspruchsrechts gem. § 115 Abs. 1 HGB, das jedem geschäftsführenden Gesellschafter mit der Konsequenz zusteht, dass die Vornahme der beabsichtigten Handlung unterbleiben muss.

Ungewöhnliche Geschäftsführungsaufgaben sind diejenigen, die durch den vereinbarten Unternehmenszweck nicht mehr gedeckt sind. Die Vornahme derartiger Geschäfte bedarf eines einstimmigen Beschlusses aller Gesellschafter gemäß § 116 Abs. 2 HGB.

Überschreitet ein geschäftsführender Gesellschafter seine Geschäftsführungsbefugnis, indem er z.B. nicht im Rahmen der ihm obliegenden ordnungsgemäßen Geschäftsführungspflicht handelt, ist er der Gesellschaft zum Schadensersatz verpflichtet. Anspruchsgrundlage für derartige Haftungen sind die §§ 677 und 678 BGB sowie das Rechtsinstitut der positiven Vertragsverletzung (s.o. Teil 2 Bürgerliches Gesetzbuch, Ziff. 2.2 ff. und 2.8 ff.).

Zur Bemessung des Verschuldens eines Gesellschafters gilt der Sorgfaltsmaßstab des § 708 BGB (s. auch oben Teil 2 Bürgerliches Gesetzbuch, Ziff. 2.8 ff.). Dies bedeutet, dass ein Gesellschafter nur für die Verletzung der Sorgfalt in eigenen Angelegenheiten einstehen muss.

Beispiel 7:
> A, der Mitgesellschafter der A,B und C oHG, deren Unternehmensgegenstand der An- und Verkauf von Gebrauchtwagen ist, erfährt von dem günstigen Verkauf eines Sportbootes. Aufgrund der hohen Nachfrage nach diesem Boot schließt er sofort einen Kaufvertrag mit Wirkung zugunsten der oHG ab.
>
> Wie sich später herausstellte, litt das Sportboot unter einem erheblichen Mangel, der dazu führte, dass es nur unter Hinnahme eines beträchtlichen Verlustes weiterveräußert werden könnte. Die Gesellschafter B und C verlangen aufgrund des Handelns des A für die oHG Schadenersatz in Höhe der Differenz zwischen Ankaufs- und Verkaufspreis.
>
> Der Erwerb eines Sportbootes ist für ein Unternehmen mit dem Zweck des An- und Verkaufs von Gebrauchtwagen als ungewöhnliches Geschäft anzusehen. A hätte vor Abschluss des Kaufvertrages einen Gesellschafterbeschluss herbeiführen müssen. Da er dies nicht getan hat, hat er sich rechtswidrig verhalten und damit schadenersatzpflichtig gemacht. A ist zum Ersatz des entstandenen Schadens in der geltend gemachten Höhe verpflichtet.

- **Gewinn- und Verlustverteilung**

Die Gewinn- und Verlustverteilung erfolgt bei den Personenhandelsgesellschaften, insbesondere der oHG, nach den Regeln im Gesellschaftsvertrag und subsidiär nach denjenigen der §§ 120 und 121 HGB.

Gemäß § 120 Abs. 1 HGB wird im Rahmen einer Gesellschaftsbilanz das Ergebnis der Gesellschaft ermittelt, das sodann nach den Kapitalanteilen der einzelnen Gesellschafter deren Kapitalkonten zugeschrieben wird. Dies gilt sowohl für Gewinne als auch Verluste.

Ungeachtet seines Anspruchs auf Beteiligung an Gewinnen und Verlusten, steht dem jeweiligen Gesellschafter ein Entnahmerecht zu (vgl. § 122 HGB). Jeder Gesellschafter ist danach berechtigt, während des laufenden Geschäftsjahres Geldbeträge in Höhe von bis zu 4 % des letztjährigen Kapitalanteils aus der Gesellschaftskasse zu eigenen Lasten zu entnehmen.

- **Sonstige Ansprüche**

Den Gesellschaftern stehen außer o.g. Ansprüchen auch Ersatzansprüche gegen die Gesellschaft für im Interesse der Gesellschaft erbrachte Aufwendungen zu (vgl. § 110 HGB). Gleiches gilt für Verluste, die der Gesellschafter durch die Geschäftsführer oder aufgrund von Gebaren, die mit der Geschäftsführung untrennbar verbunden sind, erlitten hat. Es handelt sich bei den Aufwendungen um sogenannte freiwillige Vermögensopfer und bei den Verlusten um sogenannte unfreiwillige Vermögensnachteile.

Dem Gesellschafter steht auch ein Ersatzanspruch gegen die Gesellschaft gemäß § 110 HGB zu, wenn er aus eigenen Mitteln eine Gesellschaftsschuld getilgt hat. Die Tilgung einer Gesellschaftsschuld gilt als Aufwendung i.S. des § 110 HGB.

4.2.1.2.7 Beschlussfassung

Alle Entscheidungen über Gesellschaftsangelegenheiten werden im Rahmen von Beschlüssen gefasst.

Gegenstand der Beschlussfassung können z.B. Änderungen des Gesellschaftsvertrages, Geschäftsführungsangelegenheiten oder andere Gesellschaftsangelegenheiten sein. Konkret sind dies Angelegenheiten der Aufnahme oder des Ausscheidens eines Gesellschafters, der Festlegung der Geschäftsführer, der Bilanzfeststellung, Gewinnverwendung, Entlastungen der Geschäftsführer etc.

Die Beschlussfassung deckt sich mit derjenigen bei der BGB-Gesellschaft, wird aber bei den Personenhandelsgesellschaften ergänzt durch die Beschlüsse im Zusammenhang mit der Geltendmachung des Eintrittsrechts bei Wettbewerbsverstößen nach §§ 113 Abs. 1 HGB, 113 Abs. 2 HGB, Beschlüsse bezüglich aller Maßnahmen außergewöhnlicher Geschäftsführung gem. § 116 Abs. 2 HGB und Beschlüsse über die Fortsetzung der Gesellschaft gem. § 144 HGB.

Außerdem ist Beschlussfassung über alle im Gesellschaftsvertrag niedergelegten Angelegenheiten erforderlich.

Das Gesetz schreibt für die Beschlüsse keine besonderen Wirksamkeits- und Formerfordernisse vor. Dies wird in der Regel in dem Gesellschaftsvertrag festgelegt. Üblich ist in diesem Zusammenhang die Festlegung bestimmter Einberufungsfristen, die Form der Einberufung (Schriftform, Einschreiben) und die Mindestanzahl von Stimmen, die erforderlich ist, damit die Gesellschafterversammlung beschlussfähig ist.

In der Regel wird eine ordentliche Gesellschafterversammlung pro Jahr vorgesehen, in der der Jahresabschluss festgestellt und die Geschäftsführung entlastet wird. Daneben können jederzeit außerordentliche Gesellschafterversammlungen einberufen werden. Dies kann auch unter Verzicht auf sämtliche Frist- und Formvorschriften erfolgen, wenn alle Gesellschafter erreicht werden können und an der Versammlung teilnehmen.

Jeder Gesellschafter hat jederzeit das Recht, eine Gesellschafterversammlung einzuberufen, wenn ein wichtiger Grund vorliegt.

In der Regel wird von dem einladenden Gesellschafter bzw. bei ordentlichen Gesellschafterversammlungen von dem geschäftsführenden Gesellschafter eine Tagesordnung vorgesehen und über den Ablauf der Gesellschafterversammlung ein Protokoll geführt.

An der Abstimmung im Rahmen der Beschlussfassung müssen grundsätzlich gemäß § 119 Abs. 1 HGB, § 709 Abs. 1, 2. Halbsatz BGB, alle Gesellschafter mitwirken (Einstimmigkeit).
Die Gesellschafter können jedoch auch vereinbaren, was im Normalfall im Gesellschaftsvertrag niedergelegt wird und üblich ist, dass die Mehrheit der Stimmen entscheidet (vgl. § 119 Abs. 2 HGB, § 709 Abs. 2 BGB).

Die Mehrheit der Stimmen bemisst sich grundsätzlich nach Köpfen, jeder Gesellschafter hat das gleiche Stimmrecht. Das Stimmrecht kann aber auch an die Höhe der Kapitalbeteiligung gebunden sein oder es können bestimmten Gesellschaftern höhere Stimmrechte eingeräumt werden. Außerdem können Gesellschafter vom Stimmrecht ausgeschlossen sein, entweder aufgrund einer Vereinbarung oder kraft Gesetzes, wie z.B. in den Fällen der §§ 113, 117, 127, 140 und 141 HGB, in denen nur die nicht betroffenen Gesellschafter an der Beschlussfassung teilnehmen dürfen. Auch bei der Abstimmung über die Entlastung eines Gesellschafters, seiner Befreiung von einer Verbindlichkeit oder über die Einleitung oder Erledigung eines gegen ihn gerichteten Rechtsstreites beschließt die Gesellschafterversammlung ohne die Stimme des betroffenen Gesellschafters.

Bei Beschlüssen über Rechtsgeschäfte zwischen einem Gesellschafter und der Gesellschaft ist der betroffene Gesellschafter ebenfalls nach der herrschenden Meinung von seinem Stimmrecht ausgeschlossen.

Kommen fehlerhafte Beschlüsse zustande, so ist zwischen Beschlüssen, die gegen ein geschäftliches Verbot gem. § 134 BGB oder gegen die guten Sitten gem. § 138 Abs. 1 BGB verstoßen und die nichtig sind, sowie Beschlüssen, die auf fehlerhafter Stimmabgabe oder Verfahrensverstößen beruhen, zu differenzieren. Letztere sind nur unwirksam, wenn der Beschluss auf dem Mangel beruht, z.B. wenn Einstimmigkeit erforderlich ist, diese aber nicht vorlag oder wenn bei Verfahrensverstößen der Verfahrensverstoß für das Beschlussergebnis kausal geworden ist. Dies ist z.B. der Fall, wenn aufgrund einer fehlenden Einladung ein Beschluss einstimmig ohne einen nicht eingeladenen Gesellschafter gefasst wurde. Der Beschluss bleibt jedoch wirksam, wenn alle Gesellschafter von der Gesellschafterversammlung auf andere Weise Kenntnis erlangt und an der Versammlung teilgenommen haben. Ebenso führen Verfahrensverstöße gegen Regeln, die lediglich Ordnungscharakter haben, auch z.B. Verstöße gegen die Protokollierungspflicht, nicht zur Unwirksamkeit.

4.2.1.2.8 Gesellschaftsvermögen

Die Gesellschaft ist als selbstständiges Rechtssubjekt Träger des Gesamthandvermögens und damit Eigentümer aller zum Gesamthandvermögen gehörenden Gegenstände und Rechte.

Zum Gesellschaftsvermögen gehören die Beiträge der Gesellschafter (Einlagen, vgl. § 718 Abs. 1 BGB), die durch die Geschäftsführung erworbenen Gegenstände gem. § 718 Abs. 1 BGB sowie all dasjenige, was aufgrund eines zu dem Gesellschaftsvermögen gehörenden Rechtes oder als Ersatz für zu dem Gesellschaftsvermögen gehörender Gegenstände erworben wird (Surrogationserwerb gem. § 718 Abs. 2 BGB).

Über das Gesellschaftsvermögen können nur alle Gesellschafter zusammen verfügen (§ 719 BGB). Der einzelne Gesellschafter kann über seinen Anteil am Gesellschaftsvermögen nicht verfügen, er kann nur seinen Gesellschaftsanteil insgesamt übertragen. Ein einzelner Gesellschafter kann auch keine Teilung der Gesellschaft verlangen, er kann lediglich die Gesellschaft kündigen und dadurch deren Auseinandersetzung bewirken (§ 719 Abs. 1, 2. Halbsatz BGB).

Jeder Gesellschafter hat schließlich einen Kapitalanteil an der Gesellschaft. In dem Gesellschaftsvertrag kann festgelegt werden, dass feste und variable Kapitalkonten geführt werden. Im Rahmen der festen Kapitalkonten kann über den Kapitalanteil die Höhe der Beteiligung an der Gesellschaft festgelegt werden. Der Kapitalanteil stellt bei Gründung den Wert der Einlage dar.

An die Höhe des Kapitalanteils können in dem Gesellschaftsvertrag auch die Stimmrechte geknüpft werden.

Schließlich kann beim Ausscheiden eines Gesellschafters oder bei Liquidation der Gesellschaft der Abfindungsanspruch bzw. der Anspruch des einzelnen Gesellschafters auf den Überschuss nach dem Kapitalanteil bemessen werden.

Über die variablen Kapitalkonten werden die Gewinnanteile und Entnahmen gebucht. Solange das variable Kapitalkonto einen positiven Saldo ausweist, ist der Gesellschafter berechtigt, weitere Entnahmen vorzunehmen. Wenn das Kapitalkonto einen negativen Saldo ausweist, ist der Gesellschafter der Gesellschaft zum Ausgleich seines Kapitalkontos verpflichtet.

4.2.1.2.9 Gesellschafterwechsel und Tod eines Gesellschafters

Auch hierzu gelten die für die BGB-Gesellschaft oben unter Ziff. 4.2.1.1.10 dargelegten Grundsätze. So sind der Tod eines Gesellschafters ein sein Ausscheiden bedingender Grund gem. § 131 Nr. 4 HGB, wie auch die Insolvenzeröffnung über das Vermögen des Gesellschafters gem. § 131 Nr. 5 HGB, die Kündigung durch den Gesellschafter gem. § 131 Nr. 6 und § 132 HGB sowie die Kündigung durch einen Privatgläubiger des Gesellschafters gemäß §§ 131 Nr. 6, 135 HGB.

Bei den Personenhandelsgesellschaften können die übrigen Gesellschafter den Ausschluss eines Gesellschafters aus wichtigem Grund gem. § 140 HGB verlangen. Im Rahmen einer gerichtlichen Ausschlussklage scheidet der verklagte Gesellschafter mit Rechtskraft des Urteils ohne Vollstreckung letzterer aus der Gesellschaft aus.

Im Gesellschaftsvertrag können die Gründe für das Ausscheiden oder den Ausschluss eines Gesellschafters festgelegt werden. Diese können z.B. in einer Obergrenze des Alters, einer Mindestdauer einer Krankheit oder Abwesenheit, der Unfähigkeit zur Mitarbeit etc. liegen. Nichtig sind Klauseln, die den Ausschluss eines Gesellschafters nach freiem Ermessen ermöglichen.

In der Satzung kann schließlich auch festgelegt werden, dass der Ausschluss eines Gesellschafters nicht durch Klage gem. § 140 HGB erfolgen muss, sondern aufgrund eines Gesellschafterbeschlusses (Mehrheitsbeschlusses) möglich ist.

Im Zusammenhang mit dem Ausscheiden eines Gesellschafters aus der Gesellschaft ist grundsätzlich noch die Rechtsfolge des Ausscheidens bei der zweigliedrigen Gesellschaft zu berücksichtigen. Da eine Gesellschaft notwendigerweise mindestens zwei Personen benötigt, es also eine Personengesellschaft mit nur einem Gesellschafter nicht gibt, führt das Ausscheiden eines Gesellschafters bei der zweigliedrigen Personengesellschaft zum Erlöschen der Gesellschaft. Dies ist ein Fall der Geschäftsübernahme gem. § 142 HGB. Der verbleibende Gesellschafter übernimmt das Geschäft der Gesellschaft entweder durch gerichtliche Entscheidung gem. § 141 Abs. 1 HGB oder Erklärung gem. § 142 Abs. 2 HGB ohne Liquidation mit allen Aktiven und Passiven. Der übernehmende Gesellschafter ist Gesamtrechtsnachfolger der aufgelösten Gesellschaft und haftet aufgrund dessen auch für die ehemaligen Gesellschaftsschulden mit seinem gesamten Privatvermögen.

Die fünfjährige Ausschlussfrist des § 160 HGB gilt nur für den ausscheidenden Gesellschafter, der übernehmende Gesellschafter haftet unbegrenzt im Rahmen der üblichen Verjährungsfristen (vgl. §§ 195 ff. BGB).

In den Fällen des Ausscheidens eines Gesellschafters bei der mehrgliedrigen Personenhandelsgesellschaft führt u.a. der Tod des Gesellschafters und die Insolvenzeröffnung, früher sogar die Kündigung, zur Auflösung der Gesellschaft, sofern nicht eine Fortsetzungsklausel vertraglich vereinbart ist. Die Fortsetzungsklausel besagt, dass die übrigen Gesellschafter die Gesellschaft fortführen und sie nicht durch das Ausscheiden eines einzelnen Gesellschafters aufgelöst wird.

Enthält der Gesellschaftsvertrag entgegen der Üblichkeit keine Fortsetzungsklausel, so können die Gesellschafter bei Ausscheiden eines Mitgesellschafters aufgrund Kündigung durch einen Privatgläubiger des Gesellschafters und Insolvenzeröffnung über das Vermögen eines Mitgesellschafters (vgl. § 141 HGB) gleichwohl die Fortsetzung beschließen.

Der Gesellschafterwechsel kann auf zweierlei Weise erfolgen:

Einmal durch einen kombinierten Vertrag (Doppelvertrag), wonach mit einem Vertrag ein Gesellschafter aus der Gesellschaft ausscheidet und mit dem anderen Vertrag ein neuer Gesellschafter eintritt oder zum anderen durch Abtretung des Geschäftsanteils.

Das Ausscheiden eines Gesellschafters kann auch in der sicherlich häufigsten Form der Übertragung des Geschäftsanteils eines Mitgesellschafters auf einen fremden Dritten bestehen. In dem Gesellschaftsvertrag ist in der Regel das Vorkaufsrecht der Mitgesellschafter vorgesehen. Verzichten diese auf ein Vorkaufsrecht, kann der Mitgesellschafter seinen Anteil auf einen von ihm zu findenden beliebigen Dritten übertragen.

Der neu eintretende Gesellschafter haftet gemäß § 130 HGB im Gegensatz zur BGB-Gesellschaft auch für Altschulden der Gesellschaft.

Scheidet ein Gesellschafter zwangsweise aus der Gesellschaft aus, so steht ihm ein Abfindungsanspruch zu. Der Abfindungsanspruch entsteht in der Höhe, in der der Gesellschafter bei der Auseinandersetzung der Gesellschaft bei Auflösung beteiligt wäre (§ 738 Abs.1 Satz 2 BGB). Für die

Wertermittlung ist nicht der Liquidationswert, sondern der Wert der als werbend fortgesetzten Gesellschaft maßgebend. Dies ist im Regelfall der Ertragswert, kurzum der Wert, der auch bei einem Verkauf des Unternehmens erzielt würde.

Abweichende Vereinbarungen hiervon können im Gesellschaftsvertrag vereinbart werden. Neben vielen Zwischenwerten, werden oft Buchwertklauseln vereinbart, nach denen stille Reserven und ein Firmenwert nicht berücksichtigt werden. Da zwischen Buchwert und Ertragswert sehr oft erhebliche Unterschiede bestehen können, sind Buchwertklauseln nur eingeschränkt zulässig und zum Teil anpassungsbedürftig. Die Abfindungsvereinbarung ist, wenn sich im Laufe der Zeit ein grobes Missverhältnis zwischen vereinbartem Wert und wirklichem Anteilswert ergibt, durch ergänzende Vertragsauslegung unter angemessener Abwägung der Interessen der Gesellschaft und des ausscheidenden Gesellschafters und unter Berücksichtigung aller Umstände des konkreten Falles entsprechend der veränderten Verhältnisse neu zu ermitteln (vgl. u.a. BGH NJW 1993, S. 3193).

Der ausgeschiedene Gesellschafter haftet gemäß § 128 HGB für Gesellschaftsverbindlichkeiten persönlich. Er haftet aber nur für diejenigen Verbindlichkeiten, die bis zu seinem Ausscheiden begründet wurden, nicht für sogenannte Neuverbindlichkeiten.

Für die bis zu seinem Ausscheiden begründeten Verbindlichkeiten haftet der Gesellschafter bis zu maximal fünf Jahren, sofern die Verbindlichkeit nicht vor Ablauf der fünf Jahre aufgrund anderer Vorschriften verjährt ist.
Ein Gesellschafterwechsel bzw. eine Veränderung des Gesellschafterbestandes tritt auch bei Tod eines Gesellschafters ein, wenn nicht die gesetzliche Regelung eingreift, dass bei Tod eines Gesellschafters die Auflösung der Gesellschaft erfolgt (vgl. § 131 Nr. 4 HGB und § 727 Abs. 1 BGB).

Um die Auflösung der Gesellschaft zu verhindern, wird im Regelfall zwischen den Gesellschaftern, meistens im Gesellschaftsvertrag, vereinbart, dass die Gesellschaft bei Tod eines Gesellschafters fortgesetzt wird. Dies kann in Form von drei Varianten erfolgen:

- Fortsetzung der Gesellschaft mit den verbleibenden Gesellschaftern im Rahmen einer reinen Fortsetzungsklausel

- Eintreten eines neuen, dritten Gesellschafters im Rahmen einer Nachfolgeklausel

- Einrücken eines neuen dritten Gesellschafters, der durch Erklärung in die Gesellschafterstellung des Verstorbenen einrückt und erst dann Gesellschafter wird, wenn er von diesem Recht Gebrauch macht.

Bei den Nachfolgeklauseln wird zwischen der sogenannten erbrechtlichen und rechtsgeschäftlichen Nachfolgeklausel differenziert.

Bei der Eintrittsklausel erhält eine dritte Person das Recht, in die Gesellschaft eintreten zu können, wenn ein Gesellschafter verstirbt. Die dritte, begünstigte Person muss aber nicht in die Gesellschaft eintreten, sie kann lediglich, wenn sie will. Es handelt sich bei dieser Eintrittsklausel um einen Vertrag zu Gunsten Dritter i.S. der §§ 328 ff. BGB.

Rückt ein Erbe in die Gesellschafterstellung nach Erbfolge ein, so kann er als Nachfolger eines persönlich haftenden Gesellschafters gem. § 139 Abs. 1 HGB verlangen, dass ihm die Stellung eines Kommanditisten eingeräumt wird. Wird ihm diese Stellung nicht eingeräumt, wird die Gesellschaft dann unter den übrigen Gesellschaftern fortgeführt oder geht bei einer zweigliedrigen Gesellschaft auf den überlebenden Gesellschafter über.

Der Erbe muss die Erklärung, ihm die Stellung eines Kommanditisten einzuräumen, innerhalb von drei Monaten nach Kenntnis vom Anfall der Erbschaft abgeben (vgl. § 139 Abs. 3 HGB).

Beispiel 8:
> Aus der A, B und C oHG ist der Gesellschafter B durch Verkauf seines Anteils an der oHG an den Gesellschafter D ausgeschieden und D dementsprechend in die Gesellschaft eingetreten. Zum Zeitpunkt des Eintrittes des D hatte die Gesellschaft gegenüber einem Lieferanten
>
> eine Verbindlichkeit i.H.v. EUR 50.000,00. Nach Ausscheiden des C entstand aufgrund eines Gewährleistungsfalles eine weitere Verbindlichkeit i.H.v. EUR 25.000,00.
>
> Wenn die Gesellschaft für die Verbindlichkeiten nicht aufkommen kann, kommt die Inanspruchnahme der Gesellschafter in Betracht. Tritt dieser Fall ein, so müssen die verbliebenen Gesellschafter und C für beide oben genannten Verbindlichkeiten einstehen. Für die Altverbindlichkeit i.H.v. EUR 50.000,00 haftet der ausgeschiedene Gesellschafter B, genauso wie der neu eingetretene Gesellschafter D voll umfänglich. B haftet jedoch nur innerhalb eines Zeitraumes von fünf Jahren. Für die neue Verbindlichkeit haftet B nicht, da sie erst nach seinem Ausscheiden gegründet wurde. Der neu eingetretene Gesellschafter D haftet für diese Verbindlichkeit jedoch auch voll umfänglich.

4.2.1.2.10 Beendigung der Gesellschaft

Nach Abwicklung sämtlicher Geschäfte und Bezahlung aller Gesellschaftsschulden, wird das verbleibende Gesellschaftsvermögen unter den Gesellschaftern verteilt (§ 155 HGB).

Reicht das Gesellschaftsvermögen nicht zur Begleichung aller Gesellschaftsschulden aus, müssen die Gesellschafter entsprechende Mittel nachschießen (§ 735 BGB i.V.m. § 105 Abs. 2 HGB).

Ungeachtet der Notwendigkeit, Gesellschaftsverbindlichkeiten vor Beendigung vollständig zu begleichen, bleibt die Nachhaftung der Gesellschafter gem. § 159 HGB bestehen.

Nach Abschluss des Liquidationsverfahrens ist die Gesellschaft sodann beendet und kann im Handelsregister gelöscht werden.

4.2.1.3 Kommanditgesellschaft

Eine weitere Form der Personengesellschaften ist die Kommanditgesellschaft. Sie unterscheidet sich von der oHG insbesondere dadurch, dass sie aus nicht haftenden und haftenden Gesellschaftern besteht und spiegelbildlich hierzu auch Teile der Gesellschafter (Komplementäre) vertretungsberechtigt und andere (Kommanditisten) nicht vertretungsberechtigt sind.

Aufgrund des Verweises in § 161 Abs. 2 HGB finden auf die Kommanditgesellschaft mit Ausnahme der Regelungen in §§ 161 ff. HGB die Vorschriften für die oHG Anwendung. Insofern ist das für die Kommanditgesellschaft geltende Recht zu weiten Teilen deckungsgleich mit dem für die oHG geltenden.

4.2.1.3.1 Subjekt der Vertretung

Auch die Kommanditgesellschaft entsteht durch Abschluss des Gesellschaftsvertrages und wird im Außenverhältnis zu Dritten in der Regel erst wirksam, wenn sie im Handelsregister eingetragen ist (§ 123 HGB).

Nach der heute herrschenden Lehre ist die Kommanditgesellschaft als Gesamthandsgesellschaft Rechtssubjekt, sie ist als Gesellschaft sowohl Gläubiger und Schuldner als auch Inhaberin des Gesellschaftsvermögens. Insoweit wird auch auf die Ausführungen zur oHG verwiesen.

4.2.1.3.2 Vertreter

Auch die Kommanditgesellschaft ist durch eine sogenannte organschaftliche Vertretung gekennzeichnet.

Im Rahmen der Selbstorganschaft sind die persönlich haftenden Gesellschafter, das sind bei der Kommanditgesellschaft die Komplementäre, berechtigt, die Gesellschaft alleine zu vertreten. Die Kommanditisten sind nicht zur Vertretung der Gesellschaft ermächtigt (vgl. § 170 HGB).

Neben der organschaftlichen Vertretung bestehen noch die sonstigen möglichen Vertretungsformen, wie sie auch für die oHG oben beschrieben wurden.

Für die organschaftlichen Vertreter kann in dem Gesellschaftsvertrag bestimmt werden, dass alle oder einige Gesellschafter nur gemeinschaftlich mit anderen Gesellschaftern zur Vertretung berechtigt sind (echte Gesamtvertretung) oder nur mit einem Prokuristen vertretungsberechtigt (unechte Gesamtvertretung).

Im Außenverhältnis sind Beschränkungen der Vertretungsmacht, mit Ausnahme der Gesamtvertretung, soweit sie im Handelsregister eingetragen ist, unwirksam (vgl. § 196 Abs. 2 HGB).

4.2.1.3.3 Haftung

Diesbezüglich gelten ebenfalls die obigen Ausführungen zur oHG.
Abweichend zur oHG haften persönlich nur die Komplementäre. Die Kommanditisten haften nur mit ihrer Einlage. Voraussetzung für die Beschränkung der Haftung ist allerdings die Eintragung als Kommanditist im Handelsregister.

Solange der Kommanditist noch nicht im Handelsregister eingetragen ist, haftet er den Gläubigern der Gesellschaft unbeschränkt (§ 176 HGB).
Nach erfolgter Eintragung haftet der Kommanditist gem. § 171 Abs. 1, 1.

Halbsatz HGB nur noch bis zur Höhe seiner Einlage unmittelbar. Insofern wird die im Handelsregister eingetragene Einlage auch als „Hafteinlage" bezeichnet.

Sobald der Kommanditist seine Einlage an die Gesellschaft geleistet hat, ist seine weitere persönliche Haftung erloschen.

Neben der sogenannten Hafteinlage kann es auch noch eine Pflichteinlage geben. Die Pflichteinlage ist diejenige Einlage, die die Gesellschafter im Innenverhältnis vereinbaren. Auf die Leistung dieser Pflichteinlage haben Gläubiger der Gesellschaft keinen Anspruch.

Auch nach Zahlung der vollständigen Einlage an die Gesellschaft kann die Haftung des Kommanditisten wieder aufleben. Der Kommanditist haftet erneut persönlich, wenn er seine Einlage oder Teile davon zurückerhält (§ 171 Abs. 1, 1. Halbsatz und § 172 Abs. 4, 1. Halbsatz HGB).

Mit dieser Vorschrift soll den Gläubigern die Haftungsmasse erhalten werden.

Die Rückzahlung der Einlage kann insbesondere dadurch erfolgen, dass über die Gesellschaft persönliche Verbindlichkeiten des Kommanditisten bezahlt werden, der Kommanditist höhere Entnahmen tätigt, als sie ihm nach dem zur Verteilung zur Verfügung stehenden Gewinn zustehen, ihm Darlehen durch die Gesellschaft gewährt werden und ähnliches.

Für einen in eine bestehende Kommanditgesellschaft neu eintretenden Kommanditisten gilt § 176 Abs. 2, 1. Halbsatz HGB entsprechend für die Zeit zwischen Eintritt und Eintragung des Kommanditisten im Handelsregister.

Bei der sogenannten Schein-KG, d.h. der als KG im Handelsregister eingetragenen KG, die in Wirklichkeit aber eine BGB-Gesellschaft ist, haftet der Kommanditist als Gesellschafter der BGB-Gesellschaft beschränkt in dem Umfang, wie er sich gem. §§ 171, 172 HGB ergibt, d.h. in Höhe seiner Hafteinlage.

Bei einer nicht als KG im Handelsregister eingetragenen Gesellschaft wird zum Teil die unbeschränkte Haftung gem. § 176 HGB bejaht, der BGH geht aber auch in diesen Fällen von einer beschränkten Haftung aus, da sich die Partner einer als KG firmierenden Gesellschaft aufgrund des Rechtsscheins an eine Haftungsbeschränkung binden lassen müssen.

Beispiel 9:
> A und B betreiben ein Steuerberatungsbüro. Aufgrund des Umfangs wurde das Büro als KG geführt und im Handelsregister eingetragen. Wegen des fortgeschrittenen Alters des Komplementärs A sind die Umsätze und die Mitarbeiterzahl zwischenzeitlich so weit zurückgegangen, dass es sich bei der Gesellschaft im Hinblick auf ihren Geschäftsumfang nur noch um eine BGB-Gesellschaft handelt. Die Eintragung im Handelsregister besteht jedoch weiterhin. Ursprünglich hatten A und B in ihrem Gesellschaftsvertrag vereinbart, dass jeder Gesellschafter eine Einlage von EUR 10.000,00 erbringen muss. B hat seine im Handelsregister eingetragene Einlage von EUR 10.000,00 i.H.v. EUR 5.000,00 geleistet. EUR 5.000,00 stehen noch offen.
>
> Aufgrund des weiter zurückgegangenen Geschäftes ist die Gesellschaft sodann zahlungsunfähig geworden, weshalb ein Lieferant der Gesellschaft den Kommanditisten B persönlich in Anspruch nimmt.
>
> Bei der hier vorliegenden Gesellschaft handelt es sich um eine sog. Schein-KG, die in Wirklichkeit eine BGB-Gesellschaft darstellt. Da alle Lieferanten an die KG geleistet haben, stehen ihnen keine unmittelbaren Ansprüche außerhalb eines Insolvenzverfahrens gegen die Gesellschafter, sowohl gegen Komplementäre als auch Kommanditisten zu. Einen direkten Anspruch gegen den Kommanditisten B hat der Lieferant somit nicht. Da B aber seine Hafteinlage noch nicht vollständig geleistet hat, muss er befürchten, im Rahmen eines Insolvenzverfahrens von dem Insolvenzverwalter in Anspruch genommen zu werden und die weiteren noch ausstehenden EUR 5.000,00 nachzahlen zu müssen.

4.2.1.3.4 Ansprüche gegen Dritte

Diesbezüglich decken sich die Vorschriften für oHG und KG, es wird insoweit auf die oben zur oHG dargelegten Ausführungen verwiesen (vgl. Ziff. 4.2.1.2.4).

4.2.1.3.5 Rechtsverhältnis zwischen den Gesellschaftern

Auch diesbezüglich gelten insbesondere die Vorschriften zur BGB-Gesellschaft. Es wird insofern auf die obigen Ziffern 4.2.1.1.5 und 4.2.1.2.5 verwiesen.

4.2.1.3.6 Rechte und Pflichten der Gesellschafter

Die Rechte und Pflichten der Gesellschafter beziehen sich, wie auch bei der oHG, auf die Beitragszahlung, Treuepflicht, Geschäftsführung, Mitverwaltungsrechte, Gewinn- und Verlustbeteiligung und sonstige Ansprüche. Auch diesbezüglich bestehen keine Unterschiede zur oHG, weshalb auf Ziff. 4.2.1.2.6 verwiesen wird.

Auch bezüglich der Regelungen über die Beschlussfassung, das Gesellschaftsvermögen, den Gesellschafterwechsel und Tod eines Gesellschafters sowie die Beendigung der Gesellschaft wird oben auf die Ziffern 4.2.1.2.7 ff. verwiesen, da diesbezüglich aufgrund der Verweisung auf die Vorschriften zur oHG keine Abweichungen bei der KG bestehen.

Wegen der Regelungen bzgl. Treuepflicht, Gewinn- und Verlustbeteiligung und sonstige Ansprüche wird ebenfalls auf die Ausführungen zur oHG (insbesondere Ziffer 4.2.1.2.6) verwiesen.

4.2.1.3.7 Beitragszahlung, Kommandit- und Hafteinlage

Der Anspruch der Gesellschaft auf Beitragszahlung ist ihr Recht, von den Gesellschaftern gem. § 705 BGB, der auch für die Kommanditgesellschaft gilt, die vereinbarten Gesellschafterbeiträge, i.d.R. Barzahlungsverpflichtungen, verlangen zu können, um den Gesellschaftszweck zu fördern.

Die zu leistenden Beiträge sind im Gesellschaftsvertrag festzulegen. Die Abänderung der Beiträge stellt daher eine Änderung des Gesellschaftsvertrages dar, die eines mit der entsprechenden satzungsmäßigen Mehrheit zu fassenden Beschlusses bedarf. Ohne einen derartigen Beschluss ist kein Gesellschafter verpflichtet, sonstige, über die in der Satzung übernommenen Beiträge zu leisten.

Die Beiträge der Kommanditisten bestehen in der Leistung ihrer Kommanditeinlagen, die sie gem. Gesellschaftsvertrag übernommen haben. Hier ist nochmals zwischen zu leistender Einlage und Hafteinlage zu unterscheiden. Beteiligt sich ein Kommanditist mit einer Hafteinlage iHv. z.B. EUR 10.000,00, wird dieser Betrag in das Handelsregister als Hafteinlage des betreffenden Kommanditisten eingetragen.
In der Satzung der Gesellschaft kann aber vereinbart werden, dass zunächst auf die übernommene Hafteinlage nur ein Betrag von z.B. EUR 5.000,00 als Einlage und damit Beitrag zu leisten ist, während die weiteren EUR 5.000,00 nach Eintritt einer weiteren Bedingung, z.B. nach Ablauf des ersten Geschäftsjahres o.ä., zu zahlen sind. Damit ist dieser zweite Teil des Beitrags noch nicht fällig und kann nicht angefordert werden, solange die Bedingung noch nicht eingetreten ist.

4.2.1.3.8 Beschlussfassung, Gesellschaftsvermögen, Gesellschafterwechsel und Tod eines Gesellschafters sowie Beendigung der Gesellschaft

Zu vorbezeichneten Themen wird aus Platzgründen auf die Ausführungen zur Gesellschaft bürgerlichen Rechts und insbesondere zur offenen Handelsgesellschaft (Ziffn, 4.2.1.2.7 ff.) verwiesen.

4.2.2 Kapitalgesellschaften/Juristische Personen

Während die Personengesellschaften durch ihre Gesellschafter aufgrund der Identität zwischen Personen und Gesellschaft geprägt sind, handelt es sich bei den juristischen Personen, auch Körperschaften genannt, um Gesellschaften mit eigener Rechtspersönlichkeit, die rechtsfähig sind und durch ihre Organe handeln.

Hauptformen sind die Gesellschaft mit beschränkter Haftung und Aktiengesellschaft. Zu den juristischen Personen sind aber auch die Kommanditgesellschaft auf Aktien, der Verein und die Genossenschaft zu zählen. Als juristische Person gilt auch die Stiftung gem. §§ 80 bis 88 BGB, auf die hier lediglich hingewiesen werden soll. Aufgrund ihrer geringeren Bedeutung, maßgeblich im Zusammenhang mit der Erhaltung von größerem Vermögen, wird sie hier nicht näher behandelt.

Im Gegensatz zu den Personengesellschaften, die im BGB und HGB geregelt sind und die sich durch Personenidentität zwischen Gesellschaft und Gesellschaftern auszeichnen, bilden die Kapitalgesellschaften bzw. juristischen Personen, deren Regelungen sich maßgeblich im BGB, GmbHG, AktG und GenossenschaftsG finden, den Kreis der abstrakten, nicht durch natürliche Personen verkörperten Gesellschaften mit eigener Rechtspersönlich- und -fähigkeit. Während bei den Personengesellschaften Personenidentität zwischen Gesellschaftern und Gesellschaft besteht, werden die

Kapitalgesellschaften aus zwei Personenkreisen gebildet, nämlich einerseits der juristischen Person als eigenes, selbstständiges rechtsfähiges Gebilde und ihrer Gesellschafter als die Gesellschaft tragende natürliche Person.

Die Unterschiede zwischen den Personen-/Handelsgesellschaften einerseits und den Kapitalgesellschaften/juristischen Personen andererseits, sind sehr weitreichend. Auch im Steuerrecht werden diese Gesellschaften anders behandelt, als die Personengesellschaften.

4.2.2.1 Gesellschaft mit beschränkter Haftung

Die heute weitest verbreitete Gesellschaftsform ist die der GmbH mit zur Zeit weit mehr als 800.000 Gesellschaften in der Bundesrepublik Deutschland.

Die GmbH ist zwar von ihrer Gründung her wegen der notariellen Form aufwendiger, jedoch im Hinblick auf viele Einzelumstände in der Praxis eine meistens sinnvolle Gesellschaftsform für alle Branchen.

Im Gegensatz zu den oben behandelten Personengesellschaften ist die Haftung der Gesellschafter bei der GmbH grundsätzlich beschränkt, kein Gesellschafter haftet unbegrenzt.

Die GmbH besitzt eine eigene Rechtsfähigkeit. Sie wird durch ihre Organe vertreten. Vertretungsorgane sind die Geschäftsführer, die die Gesellschaft nach außen gegenüber Dritten vertreten. Die Geschäftsführer müssen keine Gesellschafter sein, da bei der GmbH die sogenannte Fremdorganschaft zulässig ist. Weitere Organe der Gesellschaft ist zwingend die Gesamtheit der Gesellschafter (Gesellschafterversammlung) und soweit vorhanden der Aufsichtsrat oder Beirat. Während die Geschäftsführer das Vertretungsorgan darstellen, ist die Gesamtheit der Gesellschafter das Willensbildungsorgan. Die Gesellschafterversammlung ist zugleich das höchste Organ mit einer allumfassenden Zuständigkeit.

Die Gesellschafterversammlung tritt grundsätzlich nicht nach außen in Erscheinung, sondern ist nur ein internes Organ. Sie ist aber vertretungsberechtigtes Organ der Gesellschaft gegenüber den Geschäftsführern.

Die Gesellschafter sind durch ihre Stammeinlage an der Gesellschaft beteiligt und übernehmen ansonsten keine persönliche Haftung. Ist ihr Stammkapital voll eingezahlt, ist eine weitere Inanspruchnahme der Gesellschafter nicht möglich.

Den Gläubigern gegenüber haftet die Gesellschaft nur mit ihrem Vermögen, sofern nicht eine persönliche Haftung des Geschäftsführers wegen eigenen Verschuldens in Betracht kommt.

4.2.2.1.1 Gründung und Entstehung der GmbH

Die Gründung ist bei den juristischen Personen umfangreicher und schwieriger als bei den Personengesellschaften, da sie neben einem schriftlichen Vertrag auch der notariellen Beurkundung bedarf.

- **Vorgründungsgesellschaft, Vor-GmbH, GmbH**

Der Gründungsvorgang gliedert sich in drei Phasen.
Entschließen sich ein oder mehrere Personen dazu, eine GmbH zu gründen, entsteht die sogenannte Vorgründungsgesellschaft. Mit Abschluss der notariellen Gründung und des Gesellschaftsvertrages entsteht die sogenannte Vor-GmbH. Nach Eintragung im Handelsregister (Handelsregister B) entsteht sodann die Gesellschaft mit beschränkter Haftung und ist keine GmbH i.G. (in Gründung) mehr. Erst dann ist sie rechtsfähig.

- **Notarieller Gründungsakt**

Die Erklärung des oder der Gesellschafter, eine GmbH mit einer bestimmten Satzung zu gründen, erfolgt in dem sogenannten Gründungsprotokoll, das vor einem Notar zu erklären ist. Im Gründungsprotokoll wird auf den Gesellschaftsvertrag der Gesellschaft, die sogenannte Satzung, verwiesen, die ebenfalls notariell zu beurkunden ist. Im Rahmen der notariellen Gründung ist schließlich die Anmeldung zum Handelsregister vorzunehmen. Sie bedarf grundsätzlich nur der Schriftform, die Zeichnung der Geschäftsführer und die Unterzeichnung der Anmeldung sind jedoch von dem Notar zu beglaubigen. Im Gründungsprotokoll werden auch die ersten Geschäftsführer bestellt. In diesem Zusammenhang ist auch die Höhe des Stammkapitals festzulegen.

Die Gründung kann als Bargründung oder als Sachgründung erfolgen. Gem. § 5 GmbHG muss das Stammkapital mindestens EUR 25.000,00 betragen und die Stammeinlage eines jeden Gesellschafters muss mindestens EUR 100,00 betragen.

Gem. § 7 Abs. 2 GmbHG darf die Anmeldung ferner erst erfolgen, wenn auf jede Stammeinlage, soweit nicht Sacheinlagen vereinbart sind, ein Viertel eingezahlt ist, mindestens jedoch die Hälfte des Mindeststammkapitals gem. § 5 Abs. 1 GmbHG, somit EUR 12.500,00.

Bei der Einmann-GmbH muss das Stammkapital voll eingezahlt werden oder für die zweite Hälfte oder den nach einem die Hälfte des Stammkapitals übersteigenden eingezahlten Betrag verbleibende restliche Betrag durch die Stellung einer Bankbürgschaft abgesichert sind.

Wurde die Gesellschaft von mehreren Gesellschaftern gegründet, die ihr Stammkapital mindestens mit der Hälfte, aber nicht vollständig eingezahlt haben und vereinigen sich die Anteile später innerhalb von drei Jahren nach Gründung in der Hand eines Gesellschafters, so ist das nicht einbezahlte Kapital sofort einzubezahlen oder wie oben dargestellt, entsprechende Sicherheit zu leisten.

Bei der Sachgründung muss der volle festgestellte Wert in die Gesellschaft eingebracht werden (§ 7 Abs. 2 GmbHG).

Beispiel 10:
> A und B gründen eine GmbH mit dem Mindeststammkapital von EUR 25.000,00. A verpflichtet sich EUR 12.500,00 in bar zu erbringen, B leistet seine Einlage durch Einbringung eines Pkw im Wert von EUR 6.250,00 und durch Barzahlung von EUR 6.250,00. Beide Gesellschafter wollen so wenig wie möglich einzahlen bzw. an Sachwerten der Gesellschaft übergeben. Wie hoch sind die Mindestleistungen?
> Die von B zu erbringende Sacheinlage des Pkw muss vollständig geleistet werden, so dass EUR 6.250,00 des Stammkapitals jedenfalls erbracht sind. Es verbleiben somit noch die zu leistenden Sacheinla-

gen i.H.v. EUR 18.750,00. Hiervon ist ein Viertel einzuzahlen, wenn dieses Viertel den Betrag von EUR 12.500,00 übersteigt. Da dies nicht der Fall ist, müssen A und B auf die restlichen Stammeinlagen noch EUR 12.500,00 zahlen, und zwar jeder Gesellschafter je EUR 6.250,00 in bar.

- **Gesellschaftsvertrag**

Der notarielle Gesellschaftsvertrag muss gem. § 3 Abs. 1 GmbHG als Mindestbestandteil Firma und Sitz der Gesellschaft, Gegenstand des Unternehmens, Betrag des Stammkapitals und die von jedem Gesellschafter auf das Stammkapital zu leistenden Einlagen enthalten. Alle darüber hinaus gehenden Bestimmungen sind im Rahmen der gesetzlichen Vorschriften frei vereinbar. Im Hinblick auf fehlende Regelungen im Gesetz sind Vorschriften über die Kündigung der Gesellschaft, die Einziehung von Geschäftsanteilen in besonderen Fällen (Versterben eines Gesellschafters, Vollstreckung bzw. Pfändung eines Geschäftsanteils etc), Abfindungsvergütung für Einziehungsfälle, Zustimmungspflichten bei Abtretung von Geschäftsanteilen, aus steuerlichen Gründen eine Kostentragungsregelung für die Gründungskosten und aus Kapitalerhaltungsgesichtspunkten ein Höchstbetrag der zu übernehmenden Kosten (ca. 10 % des Stammkapitals) empfehlenswert.

Der Gesellschaftsvertrag ist zusammen mit der Handelsregisteranmeldung und dem Gründungsprotokoll sowie einer Liste der Gesellschafter, in der alle Gründungsgesellschafter aufzuführen sind, zum Handelsregister einzureichen. Sie werden dort in der Gesellschaftsakte verwahrt. Diese kann von jedermann ohne – wie beim Grundbuch – Glaubhaftmachung eines berechtigten Interesses eingesehen werden.

- **Notwendige Bestandteile des Gesellschaftsvertrages**

Unabdingbare Bestandteile des Gesellschaftsvertrages sind

- Firma und Sitz der Gesellschaft
- Gegenstand des Unternehmens
- Höhe des Stammkapitals
- Übernahme der Stammeinlagen
- Sonderleistungen der Gesellschafter
- Zeitliche Beschränkung der Gesellschaft

Unter Firma wird, wie auch bei den Personengesellschaften, der Name verstanden, unter dem die Gesellschaft im Rechtsverkehr auftritt. Neben Personennamen, die zu einer sogenannten Personenfirma führen, ist die Kombination von Personen- und Sachfirma oder auch eine Phantasiebezeichnung zulässig.

Voraussetzung ist, dass der Name klar von anderen Gesellschaften unterscheidbar ist, keine Verwechslungsgefahr besteht. Außerdem ist neben dem Namen die Rechtsform zu führen, hier in abgekürzter Weise GmbH.

Sitz der Gesellschaft ist der Ort, an dem die Gesellschaft ihre Geschäfte betreibt.

Der Gegenstand des Unternehmens ist der Zweck, für den die Gesellschaft gegründet wurde.

Das Stammkapital ist das von allen Gesellschaftern zusammen gezeichnete Stammkapital. Es teilt sich auf in die einzelnen Stammeinlagen, zu deren Erbringung sich die Gesellschafter verpflichtet haben.

Seit 01.01.1999 muss das Stammkapital mindestens EUR 25.000,00 betragen und die einzelnen Stammeinlagen müssen durch EUR 50,00 teilbar sein.

Nach den gesetzlichen Vorschriften kann das Stammkapital in bar oder durch Sacheinlagen erbracht werden. Für die Erbringung in Sacheinlagen muss allerdings eine satzungsmäßige Erlaubnis vorliegen (vgl. § 5 Abs. 4 Satz 1 GmbHG).

Übernahme der Stammeinlagen bedeutet die Deklaration, welcher Gesellschafter Stammeinlagen in welcher Höhe übernimmt. Die Summe der einzelnen, übernommenen Stammeinlagen bildet, wie oben schon erwähnt, das Stammkapital der Gesellschaft.

Sonderleistungen der Gesellschafter sind die über die Kapitaleinlage hinausgehenden, von den Gesellschaftern zu erbringenden Leistungen. Sie können aus der Verpflichtung zur Darlehensgewährung, in Wettbewerbsverboten oder Tätigkeitsverpflichtungen bestehen.

Unter zeitlicher Beschränkung der Gesellschaft versteht man, dass die Gesellschaft, wenn sie beispielsweise für ein bestimmtes Projekt errichtet wurde, nur auf bestimmte Dauer gegründet wurde und nach Ablauf dieses Zeitraumes automatisch erlischt.

In der Regel werden Gesellschaften auf unbestimmte Zeit gegründet und müssen dann aufgrund eines Beschlusses ggf. beendet und liquidiert werden.

Zusätzliche Regelungen, die sich für einen Gesellschaftsvertrag als nützlich erweisen, bestehen z.B. aus

- Mindestdauer der Gesellschaft mit Kündigungsregelung
- Veräußerlich- und Vererbbarkeit von Geschäftsanteilen
- Zustimmungserfordernisse bei der Abtretung von Geschäftsanteilen
- Einziehung von Geschäftsanteilen
- Abfindungsvergütungen
- Übernahme von Gründungskosten
- Verwendung des Jahresergebnisses
- Beschlussfassung

- Zustimmungspflichtige Geschäfte
- Bildung eines Beirates oder Aufsichtsrates

und vielem mehr.

Beispiel 11:

> A, B und C haben eine GmbH gegründet. Der Gesellschaftsvertrag (Satzung) enthält nur die Mindestbestimmungen. Nach einigen Jahren verstirbt A, der seine Ehefrau und ein voll- sowie ein minderjähriges Kind hinterlässt. Daraufhin tritt B seinen Geschäftsanteil an den ihm bekannten D ab, der allerdings C völlig unbekannt ist. Kann ein verbleibender Gesellschafter wie C dazu gezwungen sein, die Gesellschaft mit den Erben von A und B sowie dem Erwerber eines Geschäftsanteiles fortzuführen?
>
> Da der Gesellschaftsvertrag keine Bestimmungen über die Veräußerlich- und Vererbbarkeit von Geschäftsanteilen und Zustimmungserfordernissen bei Abtretung von Geschäftsanteilen enthält, ist der Eintritt der Erben des A genauso wirksam wie die Abtretung des Geschäftsanteils des B an D, letztere allerdings vorbehaltlich der Zustimmung der Gesellschaft, vertreten durch den Geschäftsführer. Die Gesellschaft erfährt sogar noch eine weitere Schwierigkeit, da der minderjährige Erbe des A durch das Vormundschaftsgericht vertreten werden muss und somit maßgebliche (satzungsändernde) Beschlüsse dem Zustimmungserfordernis des Vormundschaftsgerichts unterliegen.
> B hat nur die Möglichkeit, seinen Geschäftsanteil entweder auch zu veräußern oder die Auflösung der Gesellschaft durch Auflösungsklage zu betreiben; eine Kündigungsmöglichkeit ist gesetzlich nicht vorgesehen, (vgl. auch Ziff. 4.2.2.1.9 - Auflösung und Kündigung der GmbH).

- **Stammkapital**

Wie oben schon erwähnt, beträgt das Mindestkapital EUR 25.000,00. Eine obere Begrenzung gibt es nicht. Auf jede Stammeinlage ist mindestens ein Viertel auf das gesamte Stammkapital mindestens jedoch die Hälfte des Mindeststammkapitals (EUR 12.500,00) einzuzahlen (vgl. §§ 7 Abs. 2, 5 Abs. 1 GmbHG).

Wird die Gesellschaft nur durch eine Person gegründet, so müssen zusätzlich zu den oben beschriebenen Mindesteinzahlungen für den Rest Sicherheiten gestellt werden.

Sacheinlagen müssen sofort in voller Höhe erbracht werden (vgl. § 5 Abs. 4 GmbHG). Erreicht der Wert einer Sacheinlage nicht den Wert der im Gesellschaftsvertrag übernommenen Stammeinlage, so haftet der Gesellschafter für die Differenz (vgl. § 9 Abs. 1 GmbHG).

Wird eine Stammeinlage nicht in voller Höhe erbracht, so haftet der Gesellschafter persönlich für den jeweiligen Rest. Sobald die Stammeinlage vollständig erbracht wird, erlischt jegliche persönliche Haftung der Gesellschafter.

Da es bei der GmbH keine Entnahmen etc. gibt, kommt auch das Wiederaufleben der persönlichen Haftung nicht in Betracht. Es können insofern lediglich Ansprüche der Gesellschaft gegen einen Gesellschafter entstehen, wenn ihm sogenannte verdeckte Gewinnausschüttungen zu Gute kommen.

- **Anmeldung zum Handelsregister**

Sobald die GmbH vor einem Notar errichtet wurde und die Stammeinlagen in der vorgeschriebenen Höhe geleistet sind, ist die GmbH zur Eintragung im Handelsregister bei dem zuständigen Amtsgericht anzumelden. In der Anmeldung ist das Vertretungsrecht in abstrakter und konkreter Form, d.h. in satzungsmäßig festgelegter und für den bestellten Geschäftsführer beschlossener Form anzumelden. Außerdem muss der Geschäftsführer die

Gesellschaft zeichnen und versichern, dass er nicht wegen Konkursstraftaten vorbestraft ist. Außerdem hat er zu versichern, dass ihm das eingezahlte Stammkapital unbeschränkt zur Verfügung steht.

- **Eintragung im Handelsregister**

Ist die Gründung und Anmeldung ordnungsgemäß vollzogen worden, wird die GmbH im Handelsregister eingetragen. Der Handelsregisterauszug enthält neben der genauen Firmenbezeichnung der Gesellschaft das vertretungsberechtigte Organ, den Geschäftsführer und die Höhe des Stammkapitals.

Außerdem werden sämtliche Änderungen dieser Gesellschaftskennzeichen im Handelsregister gewahrt. Im Rahmen der Einsichtnahme in das Handelsregister sind neben diesen Daten auch der Gesellschaftsvertrag und die gesamten Gründungsurkunden sowie spätere Änderungen einsehbar.

Beispiel 12:
> A und B haben eine GmbH gegründet, die zur Eintragung im Handelsregister angemeldet, jedoch noch nicht eingetragen ist. A ist Geschäftsführer der Gesellschaft. Aufgrund umfangreicher Vertragsabschlüsse des A während der Eintragungsphase der GmbH kommt diese schon vor Eintragung in Zahlungsschwierigkeiten. A muss Insolvenzantrag stellen. Das Stammkapital reicht für die Begleichung der aufgrund der abgeschlossenen Verträge eingegangenen Verpflichtungen nicht aus.
> Wäre die GmbH schon im Handelsregister eingetragen gewesen, würde nur das gezeichnete Stammkapital zur Befriedigung der Gläubiger herangezogen. Da die GmbH noch nicht eingetragen war, greift hier die Handelndenhaftung gem. § 11 Abs. 2 GmbHG ein und A muss als handelnder Geschäftsführer für den nicht abgedeckten Differenzbetrag aufkommen.

4.2.2.1.2 Organe der Gesellschaft und ihre Bestellung

Oben wurde schon erwähnt, dass Organe der Gesellschaft die Gesellschafterversammlung, der Aufsichtsrat oder Beirat und die Geschäftsführer sind. Der Kreis der Gesellschafter ergibt sich aus dem Gründungsprotokoll und eventuell durch spätere Anteilsabtretungen sowie den Listen der Gesellschafter, die auch mindestens jährlich einmal zum Handelsregister einzureichen sind. Natürliche Personen werden durch Beitritt zu der Gesellschaft Organ in Form von Gesellschaftern, nicht durch Bestellung.

Ein Aufsichtsrat oder Beirat (vgl. § 52 GmbHG) wird im Gegensatz hierzu, von den Gesellschaftern aufgrund Gesellschafterversammlungsbeschluss bestellt. Der Aufsichtsrat hat die Geschäftsführung zu überwachen, daher ein generelles Informationsrecht (vgl. § 111 Abs. 1 AktG) und vertritt, wenn er bestellt ist, die Gesellschaft gegenüber den Geschäftsführern (vgl. § 52 GmbHG iVm. § 112 AktG). Im Rahmen seiner Aufsichtspflicht haften die Mitglieder des Aufsichtsrates schließlich auch für schuldhaft verursachte Schäden gem. §§ 116, 93 AktG.

Beirat kann eine andere Bezeichnung für Aufsichtsrat sein, wie auch Verwaltungsrat oder Gesellschafterausschuss. In der Regel wird als Beirat ein im Rahmen seiner Aufsichtsfunktion eingeschränktes Organ bezeichnet. Oft nimmt der Beirat nur begrenzt beaufsichtigende Funktionen oder beratende Aufgaben wahr.

Von den Gesellschafterversammlungen oder, falls vorhanden, dem Aufsichtsrat, werden die Geschäftsführer bestellt.

Zu Geschäftsführern können natürliche, unbeschränkt geschäftsfähige Personen bestellt werden, wenn sie nicht wegen Insolvenzstraftaten bestraft wurden oder ihnen durch gerichtliches Urteil oder vollziehbare Verwaltungsentscheidung die Befähigung zur Führung des Geschäftsführeramtes entzogen worden ist.

Ihre Bestellung erfolgt durch den sogenannten körperschaftlichen Organisationsakt, der sie zum Organ der Gesellschaft macht.

Mit der Bestellung sind aber noch nicht die schuldrechtlichen Angelegenheiten zwischen der Gesellschaft und dem Geschäftsführer, wie Gehalt, Kündigungsfristen, Urlaub etc. geregelt. Diese Bestimmungen sind in den schuldrechtlichen Dienstvertrag, den sogenannten Anstellungsvertrag aufzunehmen. Aufgrund der unterschiedlichen Rechtsverhältnisse können beide auch ein unterschiedliches Schicksal erfahren, da die Abberufung nicht zwingend zur Kündigung des Dienstvertrages führt.

Auch die Abberufung der Geschäftsführer erfolgt durch die Gesellschafterversammlung bzw. den Aufsichtsrat. Sowohl Bestellung als auch Abberufung sind zum Handelsregister anzumelden und werden dort eingetragen. Berufung und Abberufung sind aber auch schon vor der Eintragung in das Handelsregister wirksam. Aufgrund der Rechtsscheinhaftung können jedoch auch noch Handlungen des abberufenen, aber noch im Handelsregister eingetragenen Geschäftsführers zu schuldrechtlichen Verpflichtungen führen.

Hat die Gesellschaft mehrere Geschäftsführer, so gilt für diese grundsätzlich Gesamtvertretung (§ 35 Abs. 1 GmbHG). Das bedeutet, dass beide oder mehrere Geschäftsführer jeweils gleichzeitig handeln müssen. Den Geschäftsführern kann jedoch auch das Recht zur alleinigen Vertretung verliehen werden, so dass jeder alleine zu handeln berechtigt ist. Außerdem können sie von den Beschränkungen des § 181 BGB (Verbot mit sich im eigenen Namen oder als Vertreter eines Dritten ein Rechtsgeschäft vorzunehmen) eingeräumt werden.

Beispiel 13:
> A, B und C haben zwei GmbH's gegründet, nämlich die A-GmbH und die B-GmbH. Bei der A-GmbH sind A und B Geschäftsführer, bei der B-GmbH sind B und C Geschäftsführer. Die B-GmbH ist für den Vertrieb der von der A-GmbH produzierten Waren zuständig. Daher sind laufend Verträge zwischen der A-GmbH und der B-GmbH abzuschließen. Üblicherweise ist B für den kaufmännischen Bereich und damit den Vertragsabschluß zuständig. Zur Vereinfachung im täglichen Geschäft ist es günstig, wenn B die Verträge jeweils für die A-GmbH und die B-GmbH unterschreiben könnte.

Aufgrund des Verbotes des Selbstkontrahierens gem. § 181 BGB müssen die Verträge aber grundsätzlich von jeweils zwei unterschiedlichen Geschäftsführern, z.B. B für die eine GmbH und A oder C für die andere GmbH, abgeschlossen werden. Die Gesellschafter beider Gesellschaften müssen eine Gesellschafterversammlung abhalten, in der sie die Befreiung des B von den Beschränkungen des § 181 BGB beschließen und zum Handelsregister anmelden. Mit Eintragung der Befreiung des B von den Beschränkungen des § 181 BGB im Handelsregister ist B sodann berechtigt, Verträge mit Verpflichtungen für beide Gesellschaften alleine zu unterschreiben.

4.2.2.1.3 Rechtsverhältnis zwischen den Gesellschaftern

Rechte und Pflichten der Gesellschafter werden primär in der in notarieller Form abzuschließenden Satzung (= Gesellschaftsvertrag) der Gesellschaft geregelt, sekundär ergeben sie sich aus Gesetz und Rechtsprechung.
Alle gesetzlich nicht zwingend geregelten Angelegenheiten (wie z.B. der Minderheitenschutz gem. § 50 GmbHG) können in der Satzung frei gestaltet werden.
Die Satzung muss gem. § 3 GmbHG zwingend Firma, Sitz, Unternehmensgegenstand, Stammkapitalhöhe und Gesellschafter, die diese übernehmen, evtl. eine zeitliche Beschränkung der Gesellschaft, enthalten, alle anderen Bestandteile sind freiwillig.

4.2.2.1.4 Pflichten der Geschäftsführer

Die Geschäftsführer vertreten die Gesellschaft nach außen und sind im Innenverhältnis den Weisungen der Gesellschafterversammlung unterworfen. Sie haben die Beschränkungen einzuhalten, denen sie aufgrund Gesetz, Gesellschaftsvertrag, Gesellschafterversammlung und, wenn vorhanden, Aufsichtsrat, unterliegen.

Die zwingenden gesetzlichen Aufgaben ergeben sich aus den §§ 30, 31, 40, 41, 49 Abs. 3 und 64 GmbHG sowie § 264 HGB und § 34 AbgabenO. Mit Ausnahme dieser zwingenden gesetzlichen Vorschriften können die Rechte der Geschäftsführer beliebig eingeschränkt werden.

Wichtig ist die Beachtung der ordnungsgemäßen Buchführung und der Erstellung der Jahresabschlüsse im Sinne des § 41 f. GmbHG. Hiermit korrespondiert die Pflicht zur Insolvenzanmeldung gem. § 64 GmbHG, wenn die Gesellschaft überschuldet oder zahlungsfähig geworden ist.

- **Haftung der Geschäftsführer**

Verletzen die Geschäftsführer ihre oben aufgezeigten Pflichten, so kann sich hieraus eine persönliche Haftung ergeben (§ 43 Abs. 2 GmbHG). Haftungen ergeben sich insbesondere aus Rechtsschein gem. § 4 Abs. 2 GmbHG, wenn der Geschäftsführer Dritten gegenüber nicht klarstellt, dass er für die GmbH handelt, aus Vertrauenshaftung, wenn der Geschäftsführer persönlich tätig wird und besonderes Vertrauen des Geschäftspartners in seine Person oder Sachkunde legt, aus Haftung aus unerlaubter Handlung gem. § 823 Abs. 1 BGB und anderer bei z.B. nicht rechtzeitigem Rückruf fehlerhafter Produkte und insbesondere auch bei nicht Weiterleitung von einbehaltenen Sozialversicherungsbeiträgen (Gefahr der strafrechtlichen Verantwortlichkeit ist in diesem Fall ebenfalls gegeben), aus § 69 AO wegen Nichtweiterleitung von Steuern (Lohn- und Umsatzsteuer), wegen Rückzahlung von Stammeinlagen gemäß § 43 Abs. 3 iVm. § 30 GmbHG, wegen Verletzung der Insolvenzantragspflicht gem. § 43 Abs. 2 iVm. § 64 Abs. 1 GmbHG oder Verschweigen der Insolvenzreife der Gesellschaft bei Eingehung von Geschäften gem. § 82 Abs. 2 BGB, §§ 263, 264 a StGB und schließlich Zahlungen nach Insolvenzreife der Gesellschaft gem. § 64 Abs. 2 GmbHG.

Die Geschäftsführer haften in den genannten Fällen in der Regel immer gegenüber der Gesellschaft. Ausnahmsweise haften sie aber auch persönlich gegenüber Dritten, wenn die Voraussetzungen der §§ 11 Abs. 2 (Handelndenhaftung) oder § 64 GmbHG (Haftung bei Insolvenzantragspflicht) vorliegen sowie wegen aller Haftungstatbestände aus unerlaubter Handlung (§ 823 BGB).

> Beispiel 14:
> Der Geschäftsführer einer sich in finanziellen Schwierigkeiten befindenden GmbH führt Lohnsteuer und Sozialversicherungsabgaben für die Mitarbeiter der GmbH nicht ab, um Lieferanten zu bezahlen, deren Produkte er für den weiteren Geschäftsbetrieb dringend benötigt. Nachdem er auch hierdurch die Gesellschaft nicht retten konnte, wurde Insolvenzantrag gestellt.
> Da der Geschäftsführer der Gesellschaft nicht zustehende Gelder unterschlagen und zweckwidrig verwandt hat, muss er persönlich für die nicht abgeführten Beträge einstehen.

4.2.2.1.5 Gesellschafterversammlung

Die Gesellschafterversammlung stellt das willensbildende Organ der GmbH dar. Die Gesellschafterversammlung tritt nicht nach außen auf, sie ist bezüglich der Vertretung der Gesellschaft nur befugt, die Geschäftsführer zu bestellen und abzuberufen und die Anstellungsverträge mit ihnen zu schließen, sowie Schadensersatzansprüche gegenüber Geschäftsführern durchzusetzen.

Die Willensbildung erfolgt in Gesellschafterversammlungen, in denen die Gesellschafter Beschlüsse hinsichtlich zu treffender Maßnahmen fassen. Üblicherweise können Gesellschafterbeschlüsse auch telefonisch, per Telefax oder schriftlich im Umlaufverfahren erfolgen. Dies muss jedoch in der Satzung vorgesehen werden und alle Gesellschafter müssen damit einverstanden sein (vgl. §§ 45 Abs. 1 und 48 Abs. 2 GmbHG).

Die Gesellschafterversammlung wird gem. § 49 Abs. 1 durch die Geschäftsführer einberufen.

Es ist mindestens einmal im Jahr eine Gesellschafterversammlung zur Feststellung des Jahresabschlusses und Gewinnverteilung abzuhalten. Außerdem sind Gesellschafterversammlungen einzuberufen, wenn die Hälfte des Stammkapitals verloren gegangen ist oder wenn mindestens 10 % des stimmberechtigten Kapitals eine Einberufung verlangen (vgl. §§ 49 Abs. 3, 50 Abs. 1 GmbHG).

In der Einladung ist die Tagesordnung mitzuteilen.

Die Gesellschafter haben pro EUR 50,00 eines Geschäftsanteils je eine Stimme (§ 47 Abs. 2 GmbHG). In dem Gesellschaftsvertrag können aber abweichende Stimmrechtsregelungen getroffen werden.

Bei Verstößen gegen die Einberufung zur Gesellschafterversammlung, gegen die Form, die geltenden grundlegenden Individualrechte, Verletzung von Gläubigerschutz und sittenwidrigen Beschlüssen, können Gesellschafterbeschlüsse nichtig sein und sind damit unwirksam gegenüber jedermann. Verstoßen Beschlüsse gegen ein Gesetz, gewähren sie ungerechtfertigte Sondervorteile, verstoßen sie gegen das Gleichbehandlungsgebot, gegen die gesellschaftsrechtliche Treuepflicht oder zeigen sie andere schwerwiegende Mängel auf, so können sie anfechtbar sein. Die Beschlüsse sind dann zunächst wirksam und können im Rahmen einer Anfechtungsklage rückwirkend als unwirksam erklärt werden.

4.2.2.1.6 Aufsichtsrat

Als freiwilliges Organ einer GmbH kann ein Aufsichtsrat (auch teilweise Beirat genannt) bestellt werden. In mitbestimmten Gesellschaften muss ein Aufsichtsrat bestellt werden (vgl. Betriebsverfassungsgesetze, Montanmitbestimmungsgesetz, Mitbestimmungsgesetz 1976).

Der Aufsichtsrat ist ein überwachendes Organ, dem einzelne Aufgaben übertragen werden können und dessen Zustimmung bei einzelnen Geschäften für erforderlich erklärt werden kann. Diese Vereinbarung haben gegenüber Dritten keinerlei Außenwirkung, führen jedoch zu internen Haftungen.

Wenn ein Aufsichtsrat bestellt ist, vertritt er die Gesellschaft auch gegenüber Geschäftsführern.

4.2.2.1.7 Einzahlung und Erhaltung des Stammkapitals

Aufgrund der Novellierung des GmbH-Gesetzes nach Einführung des EURO beträgt das Mindeststammkapital der GmbH EUR 25.000,00. Bei Gründung ist mindestens ein Viertel der jeweiligen übernommenen Stammeinlagen und des Gesamtstammkapitals, mindestens jedoch EUR 12.500,00 auf ein Konto der Gesellschaft einzuzahlen. Bei Sachgründungen ist das vollständige Kapital einzubringen. Bei der Einmann-GmbH muss für den nicht eingezahlten Teil des Stammkapitals Sicherheit geleistet werden. Nähere Einzelheiten ergeben sich aus § 7 GmbHG.

Der Kapitaleinzahlungspflicht kommt bei der GmbH besondere Bedeutung zu, weil die Gesellschafter über ihre Pflicht zur Erbringung der Stammeinlagen hinaus weder gegenüber der Gesellschaft noch gegenüber Dritten persönlich haften.

Insofern ist auch die Kapitalerhaltung wichtig, um den Gläubigern ein Mindestpotential an Haftungsmasse zu erhalten. Aus diesem Grund ist auch die Rückzahlung der Stammeinlagen gem. § 30 GmbHG verboten.

Wird diesen Vorschriften zuwider gehandelt oder sind Teile des Stammkapitals schon vor Eintragung der Gesellschaft verbraucht, so haften für deren Ausgleich die Gesellschafter unbeschränkt persönlich.

Wird die Insolvenzantragspflicht verletzt und gewähren die Gesellschafter der notleidenden GmbH Darlehen, in einer finanziellen Lage der Gesellschaft, in der fremde Dritte, insbesondere Banken, keine Darlehen mehr gewähren würden, so werden diese Darlehen zu sogenannten kapitalersetzenden Darlehen. Diese Darlehen werden im Falle der Insolvenz wie Stammkapital behandelt und nehmen nicht an der Verteilung teil. Nähere Einzelheiten ergeben sich aus den §§ 30, 31, 32 a und 32 b GmbHG.

Beispiel 15:

> Gerade bei Einmann-Gesellschaften und Familien-GmbH´s werden bei Liquiditätsengpässen sehr oft private Gelder als Darlehen gewährt oder auch Gegenstände, die die GmbH anschafft, aus anderem Vermögen bezahlt. Fällt die GmbH dann in die Krise, sind derartige Zahlungen regelmäßig als eigenkapital- ersetzende Darlehen anzusehen und die Gesellschafter erhalten im Rahmen des Insolvenzverfahrens keine Quote.

4.2.2.1.8 Kapitalerhaltungsgrundsatz

Da die GmbH Gläubigern gegenüber nur mit ihrem eigenen Vermögen haftet, ist die Erhaltung ihres Vermögens aus Gründen des Gläubigerschutzes von hohem Interesse. Durch einschlägige gesetzliche Vorschriften, verstärkt durch die hierzu ergangene Rechtsprechung soll weitestgehend sichergestellt werden, dass das im Handelsregister veröffentlichte Stammkapital in der Gesellschaft auch tatsächlich zur Verfügung steht.

Neben den Grundsätzen zum Mindeststammkapital und zur Aufbringung des Stammkapitals, der Rechtsprechung zu kapitalersetzenden Darlehen i.V.m. §§ 32 a, 32 b. GmbHG und der Insolvenzantragspflicht gem. § 64 GmbHG gehören zu dem Begriff der Kapitalerhaltung auch das sog. Vorbelastungsverbot und das Verbot der Stammeinlagenrückzahlung gem. § 30 GmbHG.

Unter dem Vorbelastungsverbot versteht man die Pflicht der vor Eintragung der GmbH im Handelsregister Handelnden, das Stammkapital nicht anzugreifen. Zulässig ist nur die Bezahlung der Gründungskosten bis zu einer Höhe von ca. 5% des gezeichneten Stammkapitals

Beispiel 16:
> Die A-GmbH wird mit einem Stammkapital von EUR 25.000,00 gegründet. Es ist zulässig, in den Gesellschaftsvertrag aufzunehmen, dass Gründungskosten für Rechts- und Steuerberatung, Notar- und Gerichtskosten bis zu einem Betrag von EUR 1.250,00 (ggf. auch 1.500,00) von der Gesellschaft getragen werden.
>
> Andere Kosten, die sich nicht im Vermögen der Gesellschaft wiederspiegeln, wie z.B. die Anschaffung von Anlagevermögen, dürfen erst übernommen werden, wenn die Gesellschaft im Handelsregister eingetragen ist.

Verboten ist auch die Rückzahlung der Stammeinlage gem. § 30 GmbHG. Wird sie dennoch zurückgezahlt, müssen die ausgezahlten Beträge der Gesellschaft gem. § 31. Abs. 1 GmbHG wieder erstattet werden. Spätestens im Falle der Insolvenz kann der Insolvenzverwalter die an die Gesellschafter zurückgezahlten Stammeinlagen wieder zurückverlangen.

4.2.2.1.9 Auflösung und Kündigung der GmbH

Mit Beschluss der Gesellschafterversammlung mit Mehrheit kann die GmbH aufgelöst werden. Gleiches kann durch richterliches Gestaltungsurteil (im Falle einer Auflösungsklage eines Gesellschafters) oder durch Eröffnung des Insolvenzverfahrens erfolgen, weitere Auflösungsgründe können im Gesellschaftsvertrag vereinbart werden. Vgl. hierzu § 60 GmbHG.
Die Auflösung führt gem. § 66 ff. GmbHG zur Liquidation der Gesellschaft. Dies bedeutet, dass zunächst alle Verbindlichkeiten der Gesellschaft befriedigt werden und das verbleibende Vermögen unter den Gesellschaftern unter Berücksichtigung eines Sperrjahres verteilt wird (§ 73 GmbH).
Auch die Kündigung eines Gesellschafters kann zur Auflösung und Liquidation der Gesellschaft führen, wenn dies in der Satzung vorgesehen ist. Kraft Gesetzes ist eine Kündigung nicht möglich.

4.2.2.2 Aktiengesellschaft

Eine lange Zeit in Deutschland nur in kleiner Anzahl vorhandene Gesellschaftsform ist die Aktiengesellschaft. Ihre Bedeutung hat in den letzten Jahren aufgrund ihrer günstigen Funktion als Kapitalsammelstelle sehr zugenommen. Wegen des verstärkten Interesses von Anlegern an Aktien, der dadurch bedingten Steigerung der Neuemissionen und damit Neueinführungen von Aktiengesellschaften zur Börse, der veränderten Börse durch Einführung des neuen Marktes und anderer Börsenzutrittserleichterungen, ist die Aktiengesellschaft zu einer attraktiven Gesellschaftsform avanciert.

Früher wurden insbesondere sehr große Unternehmen in der Rechtsform der AG geführt. Heute gibt es auch viele kleinere AGs, weshalb der Gesetzgeber unter dem Begriff „kleine AG" 1994 einige Erleichterungsregelungen für kleine Aktiengesellschaften geschaffen hat.

Im Rahmen vorbenannten Gesetzes für kleine Aktiengesellschaften, wurde die Gründung der Einmann-AG ermöglicht, Erleichterungen bei der Einberufung, Durchführung der Hauptversammlungen und einige weitere Erleichterungen geschaffen.

Neben der GmbH stellt die AG eine weitere Gesellschaftsform mit eigener Rechtspersönlichkeit und beschränkter Haftung der Anteilseigner dar.

4.2.2.2.1 Gründung

Wie auch bei der GmbH schließen die Gründungsaktionäre aufgrund notarieller Vereinbarung den Gesellschaftsvertrag (Satzung) ab. Sie erklären die Übernahme einer bestimmten Anzahl Aktien und bestellen die Organe der Gesellschaft.

Die Gründer müssen sodann einen Gründungsbericht erstellen, der von Vorstand und Aufsichtsrat zu überprüfen ist. Schließlich müssen die Gründer ihre Einlagen erbringen und die Gesellschaft ist von dem Vorstand und dem Aufsichtsrat zur Eintragung in das Handelsregister anzumelden. Nähere Einzelheiten ergeben sich aus den §§ 29, 30, 36 und 36 a AktG.

Die Anmeldung zum Handelsregister darf erst erfolgen, wenn auf jede Aktie der volle eingeforderte Betrag ordnungsgemäß eingezahlt worden ist und dieser zur freien Verfügung des Vorstandes steht.

Der eingeforderte Betrag muss gem. § 36 a AktG mindestens des geringsten Ausgabebetrages und bei Ausgabe der Aktien für einen höheren als den Ausgabebetrag auch den Mehrbetrag umfassen.

Wie bei der GmbH sind Sacheinlagen stets vollständig zu leisten.

Das Mindestgrundkapital beträgt EUR 50.000,00.

4.2.2.2.2 Organe

- **Vorstand**

Organe der Aktiengesellschaft sind der Vorstand, der Aufsichtsrat und die Hauptversammlung.

Der Vorstand entspricht dem Geschäftsführer der GmbH. Ihm obliegt die Geschäftsführung und die Vertretung der Gesellschaft nach außen gem. §§ 76 bis 94 AktG. Das Vertretungsrecht regelt sich ebenfalls ähnlich der

GmbH, in dem entweder Gesamtvertretung oder Einzelvertretung möglich ist. Im Gegensatz zur GmbH darf der Vorstand höchsten fünf Jahre bestellt werden. Der Vorstand wird von dem Aufsichtsrat bestellt, letzterer ist auch für den Anstellungsvertrag der Vorstandsmitglieder zuständig.

- **Aufsichtsrat**

Der in den §§ 95 bis 116 AktG geregelte Aufsichtsrat ist Kontrollorgan für den Vorstand. Der Aufsichtsrat besteht aus mindestens drei Mitgliedern. Der Aufsichtsrat wird von der Hauptversammlung gewählt.
Bei der AG ist ein Aufsichtsrat zwingend zu bilden.

- **Hauptversammlung**

Willensbildendes Organ der Aktiengesellschaft ist die Hauptversammlung. Sie ist die Versammlung aller Aktionäre der Gesellschaft. An den Hauptversammlungen sollen jedoch auch die Mitglieder des Vorstandes und des Aufsichtsrates teilnehmen (§ 118 Abs. 2 AktG).

Die Hauptversammlung wird durch den Vorstand einberufen, ausnahmsweise kann sie auch durch den Aufsichtsrat einberufen werden, vgl. §§ 111 Abs. 3 AktG, 121 Abs. 2 AktG. Wie bei der GmbH, ist auch bei der Aktiengesellschaft einmal im Jahr eine ordentliche Hauptversammlung einzuberufen, die über die Verwendung des Gewinns und die Entlastung von Vorstand und Aufsichtsrat zu entscheiden hat.

Die Hauptversammlung ist für die im Gesetz (§ 119 AktG) geregelten Angelegenheiten zuständig. Hierunter fallen insbesondere Fragen über den Aufbau und Kapitalgrundlage der AG, wie u.a. die oben beschriebene Wahl und Abberufung des Aufsichtsrates, Entlastung der Vorstands- und Aufsichtsratsmitglieder, die Gewinnverwendung etc.

4.2.2.2.3 Haftung

Das Kapital der Aktiengesellschaft wird Grundkapital genannt. Es ist zerlegt in Aktien. Mit der Aktie wird das Mitgliedschaftsrecht an der AG verkörpert.

Die Aktien können gem. § 8 AktG entweder als Nennbetrags- oder als Stückaktie ausgegeben werden.

Die Nennbetragsaktien müssen auf mindestens 1,00 EUR lauten, Stückaktien lauten auf keinen Nennbetrag.

Die Aktionäre haften gegenüber der Gesellschaft und Dritten nicht persönlich. Sie sind lediglich zur Erbringung ihrer Einlagen gem. § 36 a AktG verpflichtet. Hierfür haften sie persönlich. Eine Nachschusspflicht besteht nicht.

Beispiel 17:
> Die Aktionäre A, B, C, D und E gründen eine AktGesellschaft. Da sie ausschließen wollen, dass ein Aktionär seine Aktien ohne Kenntnis der anderen an einen Dritten veräußert, entscheiden sie sich für die Ausgabe von Namensaktien. Namensaktien werden für eine bestimmte Person erteilt und im Aktienbuch der Gesellschaft entsprechend mit dem jeweiligen Inhaber erfasst. Bei Übertragung der Aktie auf eine andere Person ist die Zustimmung der Gesellschaft, bei satzungsmäßiger Regelung auch die Zustimmung der anderen Aktionäre, erforderlich. Namensaktien sind daher wenig fungibel im Gegensatz zu den Inhaberaktien, wie sie regelmäßig an der Börse gehandelt werden.

Derzeit ist aber auch ein starker Trend bei börsennotierten Aktiengesellschaften zu Namensaktien erkennbar. Viele Gesellschaften haben ihre Aktien schon umgewandelt.

4.2.2.3 Kommanditgesellschaft auf Aktien

Eine Mischform zwischen Personengesellschaft und juristischer Person stellt die Kommanditgesellschaft auf Aktien (KGaA) dar. Sie besteht aus den Aktionären, die - wie Kommanditisten - nur beschränkt im Rahmen der

von ihnen zu erbringenden Einlagen haften und mindestens einen persönlich haftenden Gesellschafter, der dem Komplementär der KG ähnlich ist.
Die KGaA ist jedoch ausschließlich in den §§ 278 ff. AktG geregelt.
Organe der KGaA sind ebenfalls die Hauptversammlung und der Aufsichtsrat. Vertretungsberechtigtes Organ gegenüber Dritten ist der persönlich haftende Gesellschafter.

4.2.3 Sonstige Gesellschaftsformen

Wirtschaftsrechtlich weniger bedeutende Gesellschaftsformen sind der im privaten Bereich häufig eingesetzte Verein in verschiedenen Ausprägungen, die Genossenschaft, die für den EU-Bereich geschaffene Europäische Wirtschaftliche Interessenvereinigung sowie die Partnerschaftsgesellschaft und bestimmte Formen der BGB-Gesellschaften sowie die stille Gesellschaft.

4.2.3.1 Verein

Die Grundformen der Körperschaften, am Anfang des BGB geregelt, ist der Verein. Es wird zwischen dem nichtwirtschaftlichen Verein i.S.d. § 21 BGB und dem wirtschaftlichen Verein i.S.d. § 22 BGB differenziert.

4.2.3.1.1 Der nichtwirtschaftliche eingetragene Verein

Der nichtwirtschaftliche eingetragene Verein ist der im Hobby-Bereich übliche, wie man ihn als Tennisclub, Motorsportclub, Angelverein, Turnverein, Schwimmverein, Tanzclub usw. kennt.

- **Gründung**

Zur Gründung werden gem. § 56 BGB sieben Gründungsmitglieder benötigt. Diese Gründungsmitglieder müssen sich über Vereinsnamen, Vereinszweck und Sitz des Vereins einigen und dieses in einer Vereinssatzung niederlegen. Wichtig ist, dass der Verein nichtwirtschaftlichen Zwecken dient, d.h. nicht planmäßig und dauerhaft Leistungen gegen Entgelt an Dritte anbietet. Der Name kann frei gewählt werden, sofern es nicht zu Verwechslungen mit anderen Vereinen kommt. Der Sitz ergibt sich durch den Ort, an dem der Verein gegründet wird.

- **Organe des Vereins**

Willensbildendes und damit beschlussfassendes Organ des Vereins ist die Mitgliederversammlung, die aus der Summe aller Vereinsmitglieder besteht (§ 32 BGB).

Durch Beschluss der Mitgliederversammlung wird der Vorstand gewählt. Der Vorstand vertritt den Verein nach außen und ist somit zuständig für Geschäftsführung und Vertretung.

- **Haftung**

Der Verein haftet als juristische Person selbst, auch für Pflichtverletzungen seiner Organe (§ 31 BGB).

- **Beendigung**

Ebenfalls durch Beschluss der Mitgliederversammlung kann der Verein auch gemäß § 41 BGB aufgelöst werden. Auch bei der Eröffnung eines Insolvenzverfahrens verliert er seine Rechtsfähigkeit.

4.2.3.1.2 Der wirtschaftliche Verein

Ist der Zweck eines Vereins auf einen wirtschaftlichen Geschäftsbetrieb gerichtet, handelt es sich um einen sogenannten wirtschaftlichen Verein, der ebenfalls eigene Rechtsfähigkeit besitzt. Diese erlangt er allerdings nur durch staatliche Verleihung.

Besonderheit des wirtschaftlichen Vereins ist, dass die Verleihung der Rechtsfähigkeit nur erfolgt, wenn die Vereinigung Rechtsfähigkeit nicht durch die Wahl einer anderen Rechtsform, z.B. AG, GmbH, Genossenschaft, etc. erlangen kann. Es müssen somit besondere Umstände vorliegen, die die Errichtung eines Vereines unbedingt erfordern. Aus diesem Grund ist die Form des wirtschaftlichen Vereins annähernd bedeutungslos.

Die Verleihung der Rechtsfähigkeit bestimmt sich nach Landesrecht.

Beispiel 18:
> Der Rechtsform des wirtschaftlichen Vereines bedient man sich z.B. für Verwertungsgesellschaften nach dem Urheberrechtswahrnehmungsgesetz

4.2.3.1.3 Der nichtrechtsfähige Verein

Wird ein Verein nicht im Vereinsregister eingetragen, so ist er ein nichtrechtsfähiger Verein, für den gem. § 54 Satz 1 BGB die Regeln der Gesellschaft Anwendung finden.

Der maßgebliche Unterschied zum rechtsfähigen Verein besteht gem. § 54 Satz 2 BGB darin, dass die Handelnden persönlich haften und die Haftung dem entsprechend nicht auf das Vermögen des Vereins beschränkt ist. Insofern handelt es sich bei einem derartigen Verein um eine für die Mitglieder risikoreichere Form des Zusammenschlusses. Insbesondere bei vielen Mitgliedern besteht leicht die Gefahr ausufernder Haftungen.

Im Gegensatz zu den Gesellschaften, deren Vorschriften auf den nichtrechtsfähigen Verein anwendbar sind, unterscheidet sich der Verein insbesondere durch seine körperschaftliche Struktur und seiner Unabhängigkeit vom Mitgliederbestand.

- **Der nichtrechtsfähige Idealverein**

Für den nichtrechtsfähigen Idealverein wiederum finden die Vorschriften des Vereins gem. § 54 Satz 1 BGB Anwendung.

Die nichtrechtsfähigen Vereine spielen im Allgemeinen Gesellschaftsrecht ebenfalls nur eine untergeordnete Bedeutung.

Beispiel 19:
> In der Rechtsform des nichtrechtsfähigen Vereines werden z.B. die Gewerkschaften und Arbeitgeberverbände, die Heilsarmee, aber auch Studentenverbindungen und Kegel- oder Skatclubs geführt.

- **Der nichtrechtsfähige wirtschaftliche Verein**

Auch hierbei handelt es sich um eine höchst selten Ausprägung des Vereins. Eine Gesellschaft dient den mit dieser Vereinsform verfolgten Zwecken i.d.R. besser. Es handelt sich hierbei um einen wirtschaftlichen Verein, der aber nicht im Vereinsregister eingetragen ist.

Damit haften die Vereinsmitglieder persönlich, was üblicherweise im Zusammenhang mit einem Verein nicht erwünscht ist. Daher ist auch die Abgrenzung zur Gesellschaft schwierig bzw. fließend.

4.2.3.2 Genossenschaft

Ebenfalls eine Körperschaft ist die Genossenschaft. Sie besitzt auch eine eigene Rechtsfähigkeit. Sie fördert den Erwerb oder die Wirtschaft ihrer Mitglieder durch einen gemeinschaftlichen Geschäftsbetrieb. Im Gegensatz zur Gesellschaft ist ihre Mitgliederschaft nicht geschlossen.

Sie ist Kaufmann kraft Rechtsform.

Als Namen kann sie jede Form der Sachfirma wählen und mit dem Zusatz eG.

Die Mitglieder der Genossenschaft haften nicht persönlich, die Haftung der Gläubiger ist auf das Vermögen der Genossenschaft beschränkt.

Die Genossenschaft entsteht ebenfalls durch Gründung der Gründungsmitglieder im Rahmen der Errichtung einer Satzung, die zur Eintragung im Genossenschaftsregister angemeldet wird. Vertreten wird sie durch den Vorstand.

Die Form der Genossenschaft hat in der heutigen Wirtschaft ebenfalls an Bedeutung verloren. Früher wurden Genossenschaften insbesondere zum Zwecke des Erwerbs teurer Anlagegegenstände gegründet, die den Genossen dann zeitweise zur Verfügung gestellt wurden.

Beispiel 20:
> Die klassische Form der Genossenschaft besteht in landwirtschaftlichen Genossenschaften, auch Agrargenossenschaften genannt. Dergestalt haben sich z.B. einzelne Landwirte zur Anschaffung eines Mähdreschers im Rahmen der Genossenschaft zusammen getan, um während der Erntezeit über einen Mähdrescher zu verfügen, der für den einzelnen Landwirt zur Anschaffung zu teuer gewesen wäre. Aus diesem Gedanken haben sich auch nach dem Krieg die Genossenschaftsbanken gebildet, die ebenfalls von Genossen für Genossen gegründet wurden. Diese Banken sind jedoch zwischenzeitlich in anderen Instituten aufgegangen, da es hierfür keinen Bedarf mehr gibt.
> Ein weiterer Bereich von Genossenschaften sind die Einkaufsgenossenschaften für Handwerker. Handwerker schließen sich z.T. in Einkaufsgenossenschaften zusammen, um günstiger Material (z. B.,,Malereinkauf") kaufen zu können. Die Genossenschaft kann aufgrund ihrer Größe günstigere Preise wegen der größeren Mengen aushandeln, die sie dann an die einzelnen Mitglieder weitergeben kann, die diese Rabatte ansonsten nicht eingeräumt bekämen.

4.2.3.3 Europäische wirtschaftliche Interessenvereinigung (EWIV)

Aufgrund des Zusammenschlusses vieler europäischer Staaten im Rahmen der Europäischen Union wurde die EWIV als erste eigenständige Gesellschaftsform Europäischen Rechts geschaffen. Sie ist die einzige Gesellschaftsform, die in allen Staaten der Europäischen Union zu finden ist. Ihre Rechtsgrundlagen sind in allen Staaten gleich geregelt.
Maßgebliche Rechtsgrundlage ist die EWIV-VO (EWG-Verordnung Nr. 2137/85, vgl. Beck Wirtschaftsgesetze Nr. 42).

Subsidiär gilt für die EWIV das Recht der oHG gemäß §§ 105 ff. HGB, die wiederum auf die §§ 705 ff. BGB verweisen.

Durch die EWIV-VO ist die EWIV unmittelbar in den Geltungsbereich aller Mitgliedsstaaten der Europäischen Union eingeführt worden, ohne dass es einer Transformation innerstaatlichen Rechts bedurfte.

Beispiel 21:
> Die EWIV hat noch keine Weiterverbreitung gefunden. Sie wird z.T. von Freiberuflern als Interessengemeinschaft verwandt, die zwischen Freiberuflern aus unterschiedlichen Staaten gegründet werden. Hier ist die EWIV als Rahmengesellschaft und damit quasi Dachgesellschaft unterschiedlicher Berufsträger oder Gesellschaften in den einzelnen Staaten nützlich, da das für sie geltende Recht in allen EU-Staaten gleich geregelt ist.

4.2.3.3.1 Entstehung der EWIV

Wie alle Personengesellschaften entsteht auch die EWIV mit Abschluss eines Gründungvertrages zwischen den Gesellschaftern (Mitgliedern) und darüber hinaus der Eintragung in das entsprechende Register des Landes, in dem die Gesellschaft ihren Sitz hat.

4.2.3.3.2 Gesellschaftsvertrag und Gesellschafter

Mitglieder einer EWIV können die Gesellschaften im Sinne Art. 58 Abs. 2 EWGV sein. Dies sind die Gesellschaften des bürgerlichen Rechts und des Handelsrechts, auch die Genossenschaften und sonstigen Personen des öffentlichen und privaten Rechts. Nicht Mitglieder können Personen werden, die keinen Erwerbszweck verfolgen.

Außerdem können juristische Personen und Gesellschaften, die keinen Erwerbszweck verfolgen, aber im Rechtsverkehr als selbstständige Einheiten auftreten (z.B. Anstalten des öffentlichen Rechts) Mitglieder werden.

Wichtigste Form der Mitglieder sind jedoch die natürlichen Personen, die eine gewerbliche, kaufmännische, handwerkliche, landwirtschaftliche oder freiberufliche Tätigkeit ausüben oder andere Dienstleistungen erbringen.

Die Mindestmitgliederzahl einer EWIV beträgt 2 (Art. 4 Abs. 2 EWIV-VO).

Ganz wesentliche Voraussetzung, damit eine EWIV überhaupt entstehen kann, ist dass, mindestens zwei ihrer Mitglieder ihre Hauptverwaltung oder ihren Hauptsitz in verschiedenen Mitgliedsstaaten der Europäischen Union haben.

4.2.3.3.3 Gesellschaftszweck und Vertrag der EWIV

Inhalt des Gesellschaftsvertrages muss sein, einen gemeinsamen Zweck, der gemäß Art. 34 EWIV-VO auf eine Hilfstätigkeit beschränkt ist, zu fördern. Die EWIV kann nur mittelbar eingesetzt werden, da sie wirtschaftliche Ziele nicht selbst verfolgen darf, sondern darauf beschränkt ist, die wirtschaftlichen Zwecke ihrer Mitglieder zu fördern.

Der Gründungsvertrag, der bei den zuständigen Register gemäß Art. 7 EWIV-VO zu hinterlegen ist und als Mindestbestandteile den Namen der Gesellschaft, die Rechtsform „EWIV" und den Sitz enthalten muss, kann formlos geschlossen werden, aufgrund der Hinterlegungspflicht ist jedoch Schriftform unausweichlich.

Die Eintragung erfolgt in das national zuständige Register, in Deutschland das Handelsregister (§ 2 EWIV-Ausführungsgesetz).

Die EWIV entsteht - im Gegensatz zu den ansonsten i.d.R. durch Gesellschaftsvertrag entstehenden Personengesellschaften nach deutschem Recht - erst mit ihrer Eintragung im Register.

Die EWIV ist berechtigt, Verträge zu schließen und auch vor Gericht aufzutreten.

Einzelvertraglich kann der EWIV der Status einer juristischen Person verliehen werden (Art. 1 Abs. 3 EWIV-VO). In Deutschland wurde von dieser Möglichkeit kein Gebrauch gemacht, die EWIV ist Gesamthandsgemeinschaft, für die subsidiär das Recht der oHG gilt.

4.2.3.3.4 Vertretung und Haftung der EWIV

Die EWIV wird durch ihre Geschäftsführer vertreten, bei mehreren besteht abweichend von dem Recht der GmbH grundsätzlich Alleinvertretungsberechtigung. Abweichend hiervon kann in dem Gesellschaftsvertrag Gesamtvertretung vereinbart werden. Diese Beschränkung wirkt Dritten gegenüber jedoch nur bei ordnungsgemäßer Bekanntmachung gemäß Art. 20 Abs. 2 EWIV-VO.

Die Vertretungsmacht des Geschäftsführers ist ansonsten Dritten gegenüber auch durch Bekanntmachung nicht beschränkbar. Zulässig ist auch die Stellung eines Fremdgeschäftsführers, der nicht Mitglied der Gesellschaft ist (Fremdorganschaft).

Da die EWIV-VO keine Vorschriften über die Haftung enthält, gilt in Deutschland das Recht der oHG. Sie haftet daher gemäß §§ 278 und 831 BGB, das Verschulden ihrer Organe ist ihr gemäß § 31 BGB analog zuzurechnen.

Die Mitglieder der EWIV haften unbeschränkt und gesamtschuldnerisch für alle Verbindlichkeiten der Interessenvereinigung (Art. 24 EWIV-VO). Die Haftung wirkt jedoch nur subsidiär, da die Gläubiger zuerst die Gesellschaft und dann die Mitglieder in Anspruch nehmen können. Die Mitglieder haften, wenn die Gesellschaft zur Zahlung aufgefordert wurde und diese nicht innerhalb einer angemessenen Frist geleistet hat.

4.2.3.3.5 Rechte und Pflichten der Mitglieder

Neben den Geschäftsführern sind die „gemeinschaftlich handelnden Mitglieder" notwendige Organe der EWIV (Art. 16 EWIV-VO).

Die gemeinschaftlich handelnden Mitglieder sind das oberste Organ der EWIV. Sie beschließen hinsichtlich aller Belange der Gesellschaft.

Die Mitglieder sind nicht automatisch - wie bei der oHG - Geschäftsführer. Die Geschäftsführer müssen durch den Gründungsvertrag oder die gemeinschaftlich handelnden Mitglieder bestellt werden. Für die Pflichten der Geschäftsführer gelten die Regelungen in § 5 EWIV-Ausführungsgesetz, die inhaltlich identisch zu § 43 GmbHG sind.

Die Mitglieder haben ein Stimmrecht bei der Beschlussfassung, Auskunft- und Informationsrechte und gegebenenfalls ein Recht auf Gewinnbeteiligung. Beitragspflichten sind nicht geregelt, sie müssen im Gründungsvertrag enthalten sein. An Verlusten sind die Gesellschafter entweder nach dem Gründungsvertrag oder nach Köpfen beteiligt (Art. 21 Abs. 2 EWIV-VO).

Das Ausscheiden eines Mitgliedes führt nicht zur Auflösung der Interessengemeinschaft, sie wird vielmehr zwischen den verbleibenden Mitgliedern gemäß Art. 30 EWIV-VO fortgesetzt.

Neben den üblichen Ausscheidungsgründen wie Kündigung und Ausschluss ist bei der EWIV auch der Tod oder Insolvenz eines Mitgliedes als Ausschlussgrund in Art. 28 EWIV-VO definiert.

Das ausscheidende Mitglied haftet noch für fünf Jahre seit dem Ausscheiden für Altschulden gemäß Art. 34 i.V.m. Art. 37 EWIV-VO.

Neue Mitglieder können aufgrund eines einstimmigen Beschlusses der vorhandenen Mitglieder aufgenommen werden. Sie haften ebenfalls für Altschulden, sofern nicht ein Haftungsausschluss in den zuständigen Mitteilungsblättern veröffentlicht wurde.
Neue Mitglieder können auch im Rahmen einer Abtretung Beteiligung eines Altmitgliedes eintreten. Auch hierzu ist die einstimmige Zustimmung der übrigen Mitglieder erforderlich.

Der Eintritt qua Erbfolge ist nur möglich, wenn entsprechende Regelungen im Gründungsvertrag vorgesehen sind oder auch aufgrund einstimmigen Beschlusses der verbleibenden Gesellschafter.

4.2.3.3.6 Auflösung der Gesellschaft

Durch einstimmigen Beschluss der Mitglieder kann die EWIV gemäß Art. 31 EWIV-VO aufgelöst werden.

Ein Auflösungsbeschluss muss zwingend erfolgen, wenn die im Gesellschaftsvertrag bestimmte Dauer abgelaufen ist und insbesondere, wenn die EWIV aufgrund mangelnder Verteilung der Sitze ihrer Mitglieder in nicht mindestens zwei Staaten keinen grenzüberschreitenden Charakter mehr hat.

4.2.3.4 Partnerschaftsgesellschaft

Durch das 1994 in Kraft getretene Partnerschaftsgesellschaftsgesetz (PartGG) hat der Gesetzgeber eine neue Rechtsform eingeführt, die insbesondere dem Zusammenschlu freiberuflich Tätiger dienen soll, denen die Handelsgesellschaften, da sie kein Handelsgewerbe treiben und die juristischen Personen oft aus berufsrechtlichen Gründen nicht zur Verfügung stehen. Die Partnerschaft stellt damit eine Alternative zur GbR dar.

Die Partnerschaftsgesellschaft ist eine Gesamthandsgesellschaft, für die neben dem PartGG durch Verweis teilweise das Recht der oHG (§§ 105 ff. HGB) und die Vorschriften für die GbR (§§ 705 ff. BGB) gelten.
Ein gravierender Unterschied zur BGB-Gesellschaft besteht darin, dass bei der Partnerschaftsgesellschaft eine Haftungsbegrenzung durch Haftungszuteilung möglich ist.

Beispiel 22:
> Bearbeitet z.B. eine Rechtsanwalt aus einer Partnerschaftsgesellschaft ein Mandat, so kann die Haftung nach außen auf diesen Rechtsanwalt beschränkt werden, und die restlichen Partner haften nicht gesamtschuldnerisch für Beratungsfehler. Der bearbeitende Rechtsanwalt haftet vielmehr alleine für Beratungsfehler persönlich und unbegrenzt.

4.2.3.4.1 Gründung, Gesellschafter

Die Partnerschaft wird durch Abschluss eines Gesellschaftsvertrages, der für die Gesellschafter gilt, gegründet und entsteht mit dessen Abschluss. Nach der Gründung ist die Gesellschaft bei dem zuständigen Amtsgericht zur Eintragung in das Partnerschaftsregister anzumelden.
Der Partnerschaftsvertrag bedarf gemäß § 3 Abs. 1 PartGG der Schriftform und muss als Mindestbestandteile den Namen und Sitz der Partnerschaft,

die Namen, Vornamen und Berufe sowie Wohnorte aller Partner und den Gegenstand der Partnerschaft enthalten.

Als Rechtsformzusatz muss dem Namen gemäß § 2 PartGG der Zusatz „und Partner" oder „Partnerschaft" und die Berufsbezeichnung aller in der Partnerschaft vertretenen Berufe beigefügt werden. Die Namen anderer Personen als der Partner dürfen nicht in den Namen der Partnerschaft aufgenommen werden. Insofern unterscheidet sich die "Firmierung" jetzt um so deutlicher von derjenigen für Handelsgesellschaften zulässigen.

Gesellschafter der Partnerschaft können nur natürliche Personen und aus dem Kreis der natürlichen Personen wiederum nur Angehörige freier Berufe sein, wie sie in § 1 Abs. 2 PartGG aufgelistet sind. Gesellschafter können auch Angehörige ähnlicher Berufe sein. Zur Konkretisierung wird man sich der Literatur und Rechtsprechung zu § 18 Abs. 1 EStG bedienen können, der inhaltlich § 1 Abs. 2 PartGG ähnlich ist und die freiberufliche Tätigkeit gleichermaßen definiert.

Gesellschaftszweck ist regelmäßig die gemeinsame Ausübung des Berufes verschiedener natürlicher Personen, nicht nur Ausübung des gleichen sondern auch artverwandter freier Berufe. Hierzu gehört nicht die Ausübung eines Handelsgewerbes (§ 1 Abs. 1 S. 1 PartGG).

Wie oben schon erwähnt, ist die Partnerschaft zur Eintragung in das Partnerschaftsregister anzumelden. Die Anmeldung muss von allen Partnern unterzeichnet werden, ihre Unterschriften müssen vor einem Notar beglaubigt werden. Außerdem muss die Anmeldung die obengenannten Mindestvertragsbestandteile mit den Berufsangaben der Partner enthalten.

Erst mit der Eintragung der Partnerschaft in das Partnerschaftsregister wird die Partnerschaft im Verhältnis zu Dritten wirksam, zuvor ist sie eine GbR. Aufgrund des gesetzlichen Verweises auf § 124 HGB kann die Partnerschaft unter ihrem Namen Rechte erwerben, Verbindlichkeiten eingehen und vor Gericht klagen und verklagt werden.

Auch die Vertretung entspricht derjenigen der oHG im Sinne der § 125 Abs. 1, 2 und 4, § 126 und § 127 HGB, wonach grundsätzlich jeder Partner alleinvertretungsberechtigt ist.

4.2.3.4.2 Gesellschafterwechsel, Beendigung der Gesellschaft

Für das Ausscheiden eines Partners gilt ebenfalls das Recht der oHG gemäß § 9 Abs. 1 PartGG i.V.m. §§ 131 – 144 HGB.

Die ursprünglichen abweichenden Bestimmungen des § 9 Abs. 2 PartGG sind entfallen, da diese jetzt Eingang in § 131 Abs. 3 HGB gefunden haben. Einziger zusätzlicher Grund für das Ausscheiden eines Partner ist der Verlust der erforderlichen Zulassung zu dem freien Beruf, den er in der Partnerschaft ausübt (§ 9 Abs. 3 PartGG).

Die Auflösung und Liquidation der Partnerschaft, des gleichen die Nachhaftung der Partner für Verbindlichkeiten der Partnerschaft regeln sich gemäß § 10 PartGG ebenfalls nach den für die oHG geltenden Vorschriften (vgl. §§ 145 ff. HGB sowie §§ 159, 160 HGB).

4.2.3.5 Innengesellschaften

Innengesellschaften treten, ihrem Namen entsprechend, nicht nach außen in Erscheinung. Sie werden zur Erreichung eines gemeinsamen Zweckes verschiedener Personen gegründet, bei denen nach außen hin nur ein Partner allein in eigenem Namen auftreten soll.

Der Handelnde wird im Innenverhältnis für Rechnung und Interesse aller beteiligten Gesellschafter tätig, hiervon erhalten jedoch die Vertragspartner und sonstigen Dritten im Rechtsverkehr keine Kenntnis.
Es wird daher auch kein Gesamthandsvermögen gebildet.

Die Innengesellschaften teilen sich in zwei Gruppen auf: die BGB-Innengesellschaften und die stille Gesellschaft im Sinne der §§ 32 ff. HGB.

4.2.3.5.1 BGB-Innengesellschaften

Für die BGB-Innengesellschaften gelten die §§ 705 ff. BGB.

Die Innengesellschaft entsteht durch den Abschluss des Gesellschaftsvertrages, in dem auch die Förderung des gemeinsamen Zweckes vereinbart wird. Der Gesellschaftsvertrag bedarf aber nicht der Schriftform, so dass im Zweifel im Rahmen der Auslegung festzustellen, ob die Gesellschafter eine Gesellschaft eingehen wollten oder nicht.

Da die Gesellschaft nicht nach außen in Erscheinung tritt, haftet sie auch nicht gegenüber Dritten, sofern keine Vertretung im Sinne §§ 164 ff. BGB vorliegt, die zu einer (gesamtschuldnerischen) Haftung der Mitglieder der Gesellschaft führen kann.

Im Innenverhältnis bestehen die üblichen Gesellschafterrechte und -pflichten wie die Pflicht zur Mitarbeit, die Beteiligung an Gewinn und Verlust und die üblichen Informations- und Kontrollrechte.

Die Beendigung und Auflösung erfolgt nicht nach §§ 730 ff. BGB, sondern im Rahmen einer Verteilung des Abfindungsguthabens ohne weitere Abwicklung.

Beispiel 23:
> Typische BGB-Innengesellschaften sind zum einen Ehegatten-Innengesellschaften, Bauherrengemeinschaften, Kartelle und Gelegenheitsgesellschaften, wie Tippgemeinschaften, Reisegemeinschaften usw.

4.2.3.5.2 Stille Gesellschaft

Im Rahmen einer stillen Gesellschaft beteiligt sich eine natürliche oder juristische Person an einem Handelsgewerbe mit einer Vermögenseinlage. Die i.d.R. aus Geld bestehende Vermögenseinlage wird im Wege einer

Gewinnbeteiligung vergütet. Die Vermögenseinlage kann aber auch in Form von Diensten erbracht werden.

Der Zweck der Gesellschaft besteht in einer Beteiligung an einem Handelsgewerbe, weshalb der Geschäftsinhaber, an dessen Geschäft sich der andere still beteiligt, Kaufmann sein muss (Minderkaufmannseigenschaft langt aus). Ansonsten entsteht eine stille BGB-Gesellschaft.

Im Rahmen des Gesellschaftsvertrages einigen sich die Gesellschafter über den gemeinsamen Zweck. Mit Abschluss des Gesellschaftsvertrages entsteht die stille Gesellschaft.

Die stille Gesellschaft führt nur zu einer Abwicklung zwischen den Gesellschaften und entfaltet keine Außenwirkung (vgl. § 230 Abs. 2 HGB).

Im Innenverhältnis stehen dem stillen Gesellschafter nur eingeschränkte Kontrollrechte zu.

Ohne besondere vertragliche Vereinbarung ist der stille Gesellschafter an Gewinn und Verlust beteiligt, die Verlustbeteiligung kann jedoch gemäß § 231 Abs. 2 HGB ausgeschlossen werden.
Der stille Gesellschafter ist jedenfalls nicht zu Nachschüssen verpflichtet; eine Verlustbeteiligung führt nur zur Kürzung des Kapitalkontos des stillen Gesellschafters und damit der Notwendigkeit, diese zunächst mit Gewinnen wieder aufzufüllen, bevor Gewinnansprüche entstehen.

Der stille Gesellschafter erwirbt auch bei Auflösung der Gesellschaft keine Ansprüche auf anteilige Abgeltung von Veränderungen des Vermögens der Gesellschaft, insbesondere eines Firmenwertes.

Er hat lediglich einen Anspruch auf Auszahlung seines Guthabens. Verluste muss er bei Auflösung nicht ausgleichen.

Obige Ausführungen gelten für die sog. typische stille Gesellschaft.

Abweichend hiervon gibt es auch die atypische stille Gesellschaft. Im Rahmen einer atypischen stillen Gesellschaft können unterschiedliche Sonderformen vereinbart werden. Hier kommt insbesondere die Einräumung umfangreicherer Kontroll- und Informationsrechte in Betracht, außerdem die Beteiligung am Geschäftsvermögen und die Beteiligung an der Geschäftsführung usw.

Beispiel 26:
> Die stille Gesellschaft ist zwei Bereichen von Bedeutung. Der eine ist gegeben, wenn ein Geschäftsinhaber Interesse an der Beteiligung eines qualifizierten Mitarbeiters, der jedoch nicht über das ausreichende Kapital zur Beteiligung an einer Gesellschaft verfügt, hat. Der stille Gesellschafter wird dann unter der Maßgabe beteiligt, seine Beteiligung durch seine Arbeitskraft zu erbringen und wird dementsprechend am Gewinn beteiligt.
>
> Bei der anderen Variante möchte sich eine kapitalkräftiger Anleger an einer ihm bekannten Gesellschaft beteiligen, jedoch nach außen nicht in Erscheinung treten. Mit der Beteiligung als stiller Gesellschafter kann er, insbesondere im Rahmen der atypisch stillen Gesellschaft, weitgehende unternehmerische Funktionen wahrnehmen und auch unternehmerisches Risiko tragen, ohne jedoch nach außen auftreten zu müssen.

Übungsaufgaben zum 4. Kapitel

Aufgabe 4.1.:
Zwei Maurermeister, die derzeit bei unterschiedlichen Arbeitgebern beschäftigt sind, möchten sich mittelfristig im Bereich Mauerarbeiten, Kleinreparaturen selbstständig machen und möchten zunächst nebenberuflich im Rahmen einer gemeinsamen Gesellschaft erste Aufträge erledigen, um zu sehen, inwieweit das Vorhaben so lukrativ ist, dass sie beide ihren Lebensunterhalt daraus bestreiten können. Welche Gesellschaftsform empfehlen Sie den beiden „Jungunternehmern" und warum?

Aufgabe 4.2.:
Nachdem die beiden Maurermeister A und B unter ihrer Firma A und B Bauarbeiten aller Art GbR erste Aufträge erfolgreich durchgeführt haben, müssen sie leider feststellen, dass einer ihrer Kunden trotz mehrfacher Mahnung nicht bezahlt. Die Gesellschaft muss daher die Forderung mittels gerichtlicher Hilfe beitreiben. Wer ist Gläubiger der Forderung und wer muss klagen?

Aufgabe 4.3.:
Erklären Sie die Begriffe „Sozialansprüche" und „Individualansprüche" und legen sie dar, wie diese Ansprüche durchzusetzen sind.

Aufgabe 4.4.:
A betreibt mit B in X einen Baustoffhandel. Nach einigen Jahren spricht ihn C an, mit ihm ebenfalls einen Baustoffhandel zu eröffnen, da er über einige Kontakte verfüge, die er der gemeinsamen Gesellschaft als Kunden zuführen könnte. Darf B auch mit C einen Baustoffhandel führen oder sprechen irgendwelche gesellschaftsrechtlichen Vorschriften gegen sein Vorhaben und ggf. welche ?

Aufgabe 4.5.:
Was passiert beim Versterben eines Gesellschafters einer aus drei Gesellschaftern bestehenden BGB-Gesellschaft ?
Was würden Sie diesbezüglich als Berater den Gründern einer BGB-Gesellschaft empfehlen ?

Aufgabe 4.6.:
Haftet ein aus einer Personengesellschaft ausscheidender Gesellschafter noch für die Zeit nach seinem Ausscheiden und ggf. für welche Verbindlichkeiten ?

Aufgabe 4.7.:
Was ist erforderlich, um eine BGB-Gesellschaft zu beenden ?

Aufgabe 4.8.:
Gibt es eine Möglichkeit, die Haftung bei einer Gesellschaft bürgerlichen Rechts zu beschränken ?

Aufgabe 4.9.:
Was ist der Unterschied zwischen einer BGB-Gesellschaft und einer oHG ?

Aufgabe 4.10.:
Kann eine BGB-Gesellschaft im Handelsregister eingetragen werden ?

Aufgabe 4.11. :
Wer vertritt
a) die BGB-Gesellschaft ?
b) die offene Handelsgesellschaft ?
c) die Kommanditgesellschaft ?

Aufgabe 4.12.:

Welche Rechtsform ist zu wählen, wenn bei einer mehrgliedrigen oHG ein Gesellschafter seine Haftung begrenzen möchte ?

Aufgabe 4.13.:

Was ist eine Scheingesellschaft ?

Aufgabe 4.14.:

Was verstehen Sie unter actio pro socio ?

Aufgabe 4.15.:

A und B betreiben eine oHG. B hat in die oHG seinen privaten Pkw eingebracht. A verkauft diesen Pkw an einen Dritten gegen Zahlung von EUR 10.000,00. Wem stehen die EUR 10.000,00 zu ?

Aufgabe 4.16.:
Erklären Sie den Unterschied zwischen festen und variablen Kapitalkonten.

Aufgabe 4.17. :
Wie lange währt die Nachhaftung eines aus einer oHG oder KG ausscheidenden Gesellschafters ?

Aufgabe 4.18.:
Wann wird eine oHG im Handelsregister gelöscht ?

Aufgabe 4.19.:
Wer vertritt die Kommanditgesellschaft ?

Aufgabe 4.20.:
Die Kommanditisten A und B haben jeweils eine Hafteinlage i.H.v. EUR 25.000,00 übernommen. A hat seine Einlage i.H.v. EUR 25.000,00 sofort bar bezahlt. B hat zunächst nur einen Betrag i.H.v. EUR 12.500,00 bezahlt. Im Rahmen laufender Steuerzahlungspflichten und zur Tilgung sonstiger Verbindlichkeiten hat A aus der KG zwischenzeitlich EUR 12.500,00 entnommen, die seinem variablen Kapitalkonto belastet wurden. Welche Beträge kann die Gesellschaft von den Kommanditisten A und B zur Einzahlung verlangen ?

Aufgabe 4.21.:

Nennen Sie die beiden maßgeblichen juristischen Personen (Kapitalgesellschaften) und die Voraussetzung ihrer Entstehung. Ab wann sind sie rechtsfähig ?

Aufgabe 4.22.:

Wie hoch ist das Mindeststammkapital der GmbH und das Mindestgrundkapital der AG ?

Aufgabe 4.23.:

Was ist der Unterschied zwischen einer Bar- und einer Sacheinlage ?
In welcher Höhe sind diese jeweils bei der GmbH und AG zu erbringen ?

Tipps zur Lösung der Übungsaufgaben:

Die allgemeinen Fragen sollen dem Verständnis und den Zusammenhängen der Inhalte der einzelnen Kapitel dienen.
Die konkreten Aufgaben sollen den Leser in die Lage bringen, einzelne Rechtsfragen aus praktischen Lebenssachverhalten zu lösen. Dabei soll das klassische Prüfungsschema der juristischen Arbeit angewendet werden.

I. Finden der Anspruchsgrundlage
Es ist die gewünschte Rechtsfolge (Zahlung des Kaufpreises, Übereignung einer Sache, Schadensersatz etc.) zunächst anhand einer konkreten Norm zu suchen. Bei der Suche der „richtigen" Anspruchsgrundlage sollte sich der Bearbeiter am Aufbau des Gesetzes orientieren. Folgende grobe Einteilung erleichtert das Finden:
1. Vertragliche Ansprüche (z.B. Ansprüche aus einem Kaufvertrag)
2. Vertragsähnliche Ansprüche (z.B. vorvertragliches Verschulden, Geschäftsführung ohne Auftrag)
3. Dingliche Ansprüche (z.B. Anspruch auf Herausgabe von Eigentum oder Besitz, Verwendungsersatz)
4. Ungerechtfertigte Bereicherung (z.B. Herausgabe eines Gegenstandes wegen unwirksamen Kaufvertrag)
5. Deliktische Ansprüche (z.B. Schadensersatz aus unerlaubter Handlung)

II. Prüfen der Voraussetzungen
Es sind sodann die gesetzlichen Tatbestandsmerkmale zu prüfen.
1. Anspruchsbegründende Tatbestandsmerkmale
   a) Auflistung aller Tatbestandsmerkmale einer Rechtsnorm bzw. Rechtsnormenkette (z.B. wirksamer Kaufvertrag)
   b) Überprüfung rechtshindernder Tatsachen (z.B. Sittenwidrigkeit)
2. Keine rechtsvernichtenden Einwendungen (z.B. Anfechtung, Erfüllung, Unmöglichkeit, Eintritt einer auflösenden Bedingung etc.)
3. Keine rechtshemmenden Einwendungen (z.B. Zurückbehaltungsrecht, Einrede der Verjährung etc.)

Die Prüfung erfolgt im Gutachtenstil, d.h., der Bearbeiter arbeitet den sog. Obersatz (Tatbestandsmerkmal, Rechtsfolge etc.) aus der zu prüfenden Norm heraus. Der darunter zu subsumierende Lebenssachverhalt bildet den sog. Untersatz. Schließlich folgt der Schlusssatz, aus dem sich die konkrete Rechtsfolge ergibt. Der Bearbeiter entwickelt am Prüfungsschema die Lösung, die alle für die Entscheidung des Streitfalls wesentlichen Einzelheiten und eine folgerichtige und auf eine gewünschte Rechtsfolge hin klare Verfolgung des Gedankenganges zulässt. Soweit einzelne Merkmale offenkundig gegeben sind, ist der kurze Urteilsstil, also das Feststellen deren Vorliegens mit kurzer Begründung zulässig.

Aufgabe 2.2:

Einer Schaufensterauslage fehlt es nach der objektiven Bedeutung der Erklärung am Bindungswillen.

Aufgabe 2.3:

Die jeweiligen Leistungen eines Vertrages müssen nicht unbedingt bestimmt, aber bestimmbar sein. Die Bestimmung kann auch durch die Einräumung eines Wahlrechtes erfolgen (§ 262 BGB).

Aufgabe 2.4:

Kaufverträge begründen wegen der Pflicht zur Übergabe und Eignung des Fernsehers keinen rechtlichen Vorteil, so dass ein solcher Vertrag eines beschränkt Geschäftsfähigen ohne Einwilligung seiner Eltern schwebend unwirksam ist, §§ 106, 107, 108 BGB.

Aufgabe 2.5:

Ein Kalkulationsirrtum berechtigt dann nicht zur Anfechtung eines Vertrages, wenn die Kalkulationsgrundlage nicht offengelegt wurde.

Aufgabe 2.6:

Übergabekosten sind in den §§ 448 Abs. 1, 449 BGB gesondert geregelt.

Aufgabe 2.9:

Es fehlt an zwei übereinstimmenden Willenserklärungen.

Aufgabe 2.10:

Weiß der Vertretene, dass ein Dritter für ihn handelt und unternimmt er in zurechenbarer Weise nichts dagegen, kann sich der Vertretene hinterher nicht auf eine fehlende Vollmacht berufen (sog. Duldungsvollmacht).

Aufgabe 2.11:

Der Kauf einer Forderung ist ein Rechtskauf.

Aufgabe 2.13:

Die Verjährung ist in § 438 BGB und in § 195 BGB geregelt.

Aufgabe 2.14:

§§ 446, 447 BGB regeln den Übergang der Gegenleistungs-, d.h. Vergütungsgefahr in besonderen Fällen.

Aufgabe 2.15:

Die Voraussetzungen der einzelnen Gewährleistungsrechte des § 437 BGB sind genau zu prüfen.

Aufgabe 2.16:

Es liegt ein einheitlicher Kaufvertrag vor, bei dem K die Möglichkeit der Leistung an Erfüllung Statt (§ 364 Abs. 1 BGB) eingeräumt wurde.

Aufgabe 2.17:

Auch hier sind die Voraussetzungen der einzelnen Gewährleistungsrechte des § 437 BGB genau zu prüfen.

Aufgabe 2.18:

 Es ist wichtig, auf den Schutzzweck der einzelnen Norm zu achten. Nur so können unerwünschte Ergebnisse vermieden werden.

Aufgabe 2.19:

 Es ist zwischen Mangelschaden und Mangelfolgeschaden zu unterscheiden.

Aufgabe 2.22:

 Die Saldotheorie wird zur Erzielung sachgerechter Ergebnisse durch Risikozuteilung korrigiert.

Aufgabe 2.23:

Bei der Rückabwicklung gegenseitiger Verträge sind die erbrachten Leistungen maßgebend.

Aufgabe 3.1:

 Vgl. §§ 1 ff. und 84 I, Satz 2 HGB. Zu berücksichtigen sind die Änderungen des Handelsrechtsreformgesetzes vom 22.06.1998. Zu berücksichtigen ist ferner die Abgrenzung zu den freien Berufen (vgl. § 18 Abs. 1 EStG).

Aufgabe 3.2:

Es handelt sich um eine generelle Definition, deren Abgrenzung nach unten über den Umfang des Geschäftsbetriebes erfolgt.

Aufgabe 3.3:

 Die Definition des Gewerbes ergibt sich nicht aus dem Gesetz, sie hat sich vielmehr in der Literatur als herrschende Meinung gebildet.

Aufgabe 3.4:
Die Regelungen sind in den §§ 1, 2, 3, 5 und 6 HGB zu finden.

Aufgabe 3.5:
Es ist hierbei zu bedenken, wie der Kaufmann seine Geschäfte betreibt.

Aufgabe 3.6:
Hier ist an die Entfaltung der Wirkung gegenüber Dritten Personen zu denken.

Aufgabe 3.7:

Zu berücksichtigen ist das Informations- und Schutzinteresse Dritter sowie der Kaufleute selbst.

Aufgabe 3.8:

Bei der Beantwortung ist auf die Eigenschaften der Beteiligten zu achten, die an dem Handelsgeschäft teilnehmen.

Aufgabe 3.9:
Nicht alle Vorschriften sind im Gesetz geregelt.

Aufgabe 3.10:

Zu berücksichtigen ist, wie ein Vertrag zustande kommen kann.

Aufgabe 3.11:

Durch ein Kontokorrentverhältnis verliert die Einzelforderung ihre Selbstständigkeit. Fraglich ist, wann sie diese verliert.

Aufgabe 3.12:
Besondere Form des Kaufvertrages.

Aufgabe 3.13:

Vereinbarung eines Lieferzeitpunktes und Rechtsfolgen bei Nichteinhaltung.

Aufgabe 3.14:

Es sind zwei Voraussetzungen zu erfüllen, eine Aufforderung und eine Androhung.

Aufgabe 3.15:

Es handelt es sich dabei um eine besondere Art des Kaufgeschäftes mit einer zeitlichen Komponente.

Aufgabe 3.16:

Es wird differenziert zwischen Abschließendem und Rechnungsempfänger.

Aufgabe 3.17:

Bei diesen Geschäften handelt es sich um Sonderformen kaufmännischer Geschäfte, bezogen auf ihr Tätigkeitsfeld.

Aufgabe 4.1:

Überlegen Sie, welche Gesellschaftsform nur eines geringen Gründungsaufwandes bedarf, z. B. hinsichtlich der Form des Vertrages, der Entstehungsvoraussetzungen etc.

Aufgabe 4.2:

Beachten Sie die Parteifähigkeit.

Aufgabe 4.3:

Überlegen Sie, wem der Anspruch zusteht.

Aufgabe 4.4:

Beachten Sie den Gedanken der Treuepflicht.

Aufgabe 4.5:

Bedenken Sie, wie die Auflösung der Gesellschaft vermeiden werden kann.

Aufgabe 4.6:

Bedenken Sie die Haftung gegenüber Dritten.

Aufgabe 4.7:

Die Abwicklung erfolgt in drei Stufen.

Aufgabe 4.8:

Entscheidend ist die Form der Haftungsbeschränkung.

Aufgabe 4.9:

Berücksichtigen Sie die Art der betriebenen Geschäfte.

Aufgabe 4.10:

Bedenken Sie die gesetzlichen Regelungen, die die jeweiligen Rechtsformen enthalten.

Aufgabe 4.11:

Kriterium für die Vertretungsberechtigung ist die Haftung der Handelnden.

Aufgabe 4.12:

Überlegen Sie, welche Rechtsform sowohl voll haftende als auch beschränkt haftende Gesellschafter zulässt.

Aufgabe 4.13:
Es handelt sich um keine gesetzlich vorgesehene Gesellschaftsform.

Aufgabe 4.14:
Eine Person, die selbst keinen Anspruch hat, macht diesen für eine andere geltend.

Aufgabe 4.15:
Wer ist Träger von Gesamthandsvermögen?

Aufgabe 4.16:

Bei einer Gesellschaft müssen einerseits die Beteiligungsverhältnisse feststellbar sein, andererseits muss der Gewinn verteilt werden.

Aufgabe 4.17:
Es gelten die speziellen Verjährungsfristen.

Aufgabe 4.18:

Es dürfen keine regelungsbedürftigen Angelegenheiten mehr gegeben sein, d.h. die Gläubiger müssen befriedigt und das verbliebene Vermögen muss ausgekehrt sein.

Aufgabe 4.19:
Wer haftet bei der KG?

Aufgabe 4.20:
Bedenken Sie, wer Schuldner der KG sein kann und aufgrund welcher Veranlassung.

Aufgabe 4.21:
Überlegen Sie, welche Gesellschaften Ihnen am häufigsten begegnen und wie sie entstehen.

Aufgabe 4.22:

Bedenken Sie die Mindestanforderungen an die Handelsregistereintragung.

Aufgabe 4.23:

Überlegen Sie, wie die Mindestkapitalanforderungen bei einer Kapitalgesellschaft erfüllt werden können.

Musterlösungen zu den Übungsaufgaben

Aufgabe 2.1:
Ein Rechtsgeschäft besteht aus einer oder mehreren Willenserklärungen, die auf die Erzielung einer Rechtsfolge gerichtet sind. Der innere Erklärungstatbestand einer Willenserklärung setzt ein Handlungsbewusstsein und ein Erklärungsbewusstsein voraus. Der äußere Erklärungstatbestand zeichnet sich dadurch aus, dass neben dem erkennbaren Handlungsbewusstsein ein Rechtsbindungswille und ein Geschäftswille erkennbar werden. Je nach Anzahl der Willenserklärungen unterscheidet man zwischen einseitigen und zweiseitigen Rechtsgeschäften. Zu den einseitigen Rechtsgeschäften zählen die Kündigung, die Anfechtung, die Aufrechnung, die Auslobung und das Testament. Zu den zweiseitigen Rechtsgeschäften zählen insbesondere die Verträge, bei denen zwei übereinstimmende Willenserklärungen notwendig sind.

Aufgabe 2.2:
A könnte nur dann die Übereignung des Fernsehers verlangen, wenn ein Kaufvertrag zustande gekommen wäre. Dazu wären zwei übereinstimmende Willenserklärungen erforderlich. Bei einer Schaufensterauslage wird davon ausgegangen, dass sie kein rechtswirksames Angebot darstellt, weil der Rechtsbindungswille fehlt. Es handelt sich vielmehr nur um eine sog. „invitatio ad offerendum", so dass A im Geschäft erst ein entsprechendes Angebot auf Abschluss eines Kaufvertrags abgegeben hat. Dieses wurde von E nicht angenommen. V kann mithin nicht die Übereignung des Fernsehers verlangen.

Aufgabe 2.3:
Zwischen den Parteien ist ein Kaufvertrag über ein Klavier zustande gekommen. Dass noch nicht feststeht, welches der drei Klaviere übergeben und übereignet werden soll, ist unschädlich. Die Leistungen eines Kaufvertrages müssen nur bestimmbar sein. Dem Verkäufer wurde das Recht eingeräumt zu bestimmen, welches Klavier er übergeben will (§ 262 BGB). B muss daher das von K ausgesuchte Klavier abnehmen und bezahlen.

Aufgabe 2.4:
S ist nach § 106 BGB nur beschränkt geschäftsfähig. Da der Kaufvertrag wegen der Übergabe und Eignung des Fernsehers dem S nicht lediglich einen rechtlichen Vorteil bringt, ist ein solcher ohne Einwilligung seiner Eltern schwebend unwirksam (§§ 107, 108 BGB). Da V dem mit L geschlossenen Kaufvertrag nicht zugestimmt hat, ist dieser Vertrag unwirksam. Zwar ist der Kaufvertrag mit S ebenfalls aufgrund der beschränkten Geschäftsfähigkeit schwebend unwirksam. V hat diesen Vertrag jedoch genehmigt. Weiterhin ist der Kaufvertrag zwischen M und K wirksam. M kann ihrer Verpflichtung zur Übergabe des Fernsehers aber nicht mehr nachkommen, weil F bereits das Eigentum erworben hat. F darf den Fernseher auch behalten.

Aufgabe 2.5:
K könnte den Vertrag wegen eines Kalkulationsirrtums anfechten. Wird der Gegenseite aber lediglich das Ergebnis der Berechnung mitgeteilt, nicht aber die Kalkulation, stellen Berechnungsfehler einen unbeachtlichen Motivirrtum dar, der nicht zur Anfechtung berechtigt. K muss daher die EUR 400.000,00 zahlen.

Aufgabe 2.6:
Als Erfüllungsort wurde der Wohnort des K vertraglich vereinbart, so dass V nur die Lieferung der Nägel zu K schuldet. Die Transportmehrkosten zu F hätte K nach § 448 BGB zu tragen, da dies ein anderer Ort als der Erfüllungsort ist. Etwas anderes ergibt sich auch nicht aus den Allgemeinen Geschäftsbedingungen, da sie sich in diesem Punkt widersprechen. Mithin ist auf die gesetzliche Regelung zurückzugreifen. V kann die entstandenen Kosten erstattet verlangen.

Aufgabe 2.7:
Willenserklärungen bedürfen der Auslegung, wenn Streit darüber entsteht, was mit der Erklärung eigentlich gemeint ist. Nicht selten versteht der Empfänger etwas anderes als der Erklärende gewollt hat. Nach § 133 BGB ist nicht allein der buchstäbliche Ausdruck maßgebend, sondern der wirkliche Wille. Gleichwohl hat die Auslegung zunächst beim Wortlaut zu beginnen. Führen Zweifel am Ergebnis des ersten Auslegungsschrittes zu

keinem Ergebnis, sind im zweiten Auslegungsschritt die außerhalb der Erklärung liegenden äußeren Umstände zu berücksichtigen. Führt die Auslegung zu dem Ergebnis, dass sich die Parteien übereinstimmend falsch ausgedrückt, im Ergebnis aber doch verstanden haben, so ist das Rechtsgeschäft wirksam.

Aufgabe 2.8:
Der wesentliche Inhalt eines Kaufvertrages ergibt sich aus § 433 BGB. Danach sind sich die Parteien darüber einig, dass der Verkäufer verpflichtet ist, einen Gegenstand zu übergeben und dem Käufer das Eigentum an der Sache zu übertragen. Der Käufer ist verpflichtet, den Kaufpreis zu zahlen und die Kaufsache abzunehmen.

Aufgabe 2.9:
A hat das Auto zu einem Kaufpreis von EUR 17.500,00 angeboten. B war aber nur bereit, EUR 16.000,00 zu zahlen. Zwei übereinstimmende Willenserklärungen liegen demnach nicht vor, so dass kein Kaufvertrag zustande gekommen ist. B kann demnach nicht die Übergabe des Autos verlangen.

Aufgabe 2.10:
2.10 Die B-GmbH könnte Willi auf Zahlung des Kaufpreises in Anspruch nehmen, wenn er Egon bevollmächtigt hätte, ihn rechtsgeschäftlich zu vertreten. Da Willi eine solche Vollmacht nicht erteilt hat, hat Egon als vollmachtloser Vertreter gehandelt. Gleichwohl kann Willi in diesem Fall nach den Grundsätzen der Duldungsvollmacht in Anspruch genommen, weil er wusste, dass Egon immer noch unter „A-Einzelhandel" Waren für private Zwecke bestellt und damit nach außen hin den Eindruck erweckt hat, er habe Egon bevollmächtigt. Wer einen Rechtsschein begründet und nichts dagegen unternimmt, kann sich auf die fehlende Vollmacht nicht berufen.

Aufgabe 2.11:
Beim Forderungskauf handelt es sich nicht um einen Sachkauf, sondern um einen Rechtskauf. Aus § 438 BGB ergibt sich, dass der Verkäufer einer

Forderung für die Zahlungsfähigkeit des Schuldners nur dann haftet, wenn er die Haftung ausdrücklich übernommen hat. Fehlt diese bestehen keine Gewährleistungsrechte. Dies bedeutet, dass K keine Rechte zustehen, wenn H vermögenslos ist (Fall a). Hat H seine Schulden vor dem Verkauf der Forderung bereits bezahlt, ist die Forderung des S gegen ihn erloschen (§ 362 BGB). Da S jedoch nach § 437 BGB für den Bestand der Forderung haftet, kann K über § 440 Abs. 1 BGB die Rechte der §§ 320 bis 327 BGB geltend machen (Fall b).

Aufgabe 2.12:
Fehlt einem Kaufgegenstand die vereinbarte Beschaffenheit, liegt ein Sachmangel vor mit der Folge, dass die Gewährleistungsrechte zur Anwendung kommen (§ 437 BGB). Der Käufer kann zunächst nur Nacherfüllung verlangen (§ 439 BGB). Hat er dem Verkäufer erfolglos eine angemessene Frist gesetzt oder ist die Nacherfüllung zweimal fehlgeschlagen bzw. unzumutbar, kann der Käufer vom Vertrag zurücktreten (§ 323 BGB) oder den Kaufpreis mindern (§ 441 BGB). Hat der Verkäufer den Sachmangel zu vertreten, kann der Käufer stattdessen Schadensersatz (§§ 280 f. BGB) oder Ersatz der vergeblichen Aufwendungen (§ 284 BGB) verlangen.

Aufgabe 2.13:
Der Anspruch auf Minderung beruht nicht auf den §§ 437 Nr. 1 oder 3 BGB, so dass die regelmäßige Verjährungsfrist von drei Jahren gilt, §§ 438 Abs. 5, 195 BGB. Der Anspruch des K ist demnach noch nicht verjährt.

Aufgabe 2.14:
V hatte mit K vereinbart, ihm das Bild zu bringen. Der Verkäufer einer Sache trägt solange die Gefahr, bis er sie dem Käufer übergeben hat (§ 446 BGB). Nur wenn der Verkäufer auf Verlangen des Käufer die Sache an einen anderen Ort als den Erfüllungsort versendet, geht die Sachgefahr auf den Käufer über, sobald der Verkäufer den Kaufgegenstand dem Spediteur übergeben hat (§ 447 BGB). Da nach der Vereinbarung der Wohnort des K Erfüllungsort sein sollte, greift die Sonderregelung des § 447 BGB nicht ein. K kann demnach die Lieferung eines neuen Bildes verlangen. V hat keinen Anspruch auf den Kaufpreis, solange er seinen Vertrag nicht erfüllt.

Aufgabe 2.15:

E kann Zahlung verlangen, wenn er seinen Teil des Kaufvertrags erfüllt hat. Das normale Speiseöl hatte unzweifelhaft nicht die vereinbarte Beschaffenheit, so dass diese Lieferung mangelhaft war. Demnach stehen P grundsätzlich die Gewährleistungsrechte des § 437 BGB zu, mithin auch der Rücktritt vom Vertrag. Voraussetzung für einen Rücktritt ist nach den §§ 440, 323 BGB, dass dem Verkäufer eine angemessene Frist zur Nacherfüllung gesetzt wurde. Da E dies nicht getan hat, kann er nicht vom Vertrag zurücktreten und muss daher das Öko-Speiseöl abnehmen und bezahlen.

Aufgabe 2.16:

K könnte die Zahlung von EUR 1.000,00 als Schadensersatz verlangen, wenn V seine vertragliche Verpflichtung nicht erfüllt hätte. Bei einem Kauf gegen Inzahlungnahme handelt es sich um einen einheitlichen Kaufvertrag, bei dem dem Käufer die Möglichkeit der Leistung an Erfüllung Statt eingeräumt wird (§ 364 Abs. 1 BGB). V hätte somit dem K das Auto für EUR 11.500,00 übergeben müssen. Nachdem V zur Übergabe aufgefordert worden war und dies abgelehnt hat, kann K nach § 280 BGB Schadensersatz verlangen.

Aufgabe 2.17:

K müsste Anspruch auf Rücktritt vom Kaufvertrag und auf Schadensersatz haben. Die erste Lieferung war unstreitig mangelhaft, so dass K zunächst Nacherfüllung verlangen muss (§ 437 BGB). Auch die Nacherfüllung war mangelhaft, so dass sich die Frage stellt, ob K nunmehr nach § 437 Nr. 2 BGB vom Vertrag zurücktreten kann. § 437 Nr. 2 BGB verweist allerdings auf § 440 BGB, wonach vom Vertrag erst zurückgetreten werden kann, wenn die Nachbesserung fehlgeschlagen ist. Nach § 440 Satz 2 BGB gilt eine Nachbesserung erst nach dem erfolglosen zweiten Versuch als fehlgeschlagen, es sei denn der Verkäufer hat eine weitere Nachbesserung verweigert. Da G dies nicht getan hat, kann K noch nicht vom Vertrag zurücktreten. Gleiches gilt für den Anspruch auf Schadensersatz.

Aufgabe 2.18:

Der Schadenbegriff des BGB erfasst materielle und immaterielle Schäden (§ 253 BGB). Vermögensschäden werden zunächst mittels der Differenztheorie durch eine Gegenüberstellung von Ist-Zustand und Soll-Zustand ermittelt. Zur Vermeidung unerwünschter Ergebnisse wurden weitere Wertungsgesichtspunkte entwickelt. Weiterhin wird zwischen unmittelbarem Schaden, wenn das geschützte Rechtsgut selbst beschädigt oder beeinträchtigt wird, und mittelbarem Schaden, d.h. Schäden, die sich erst aufgrund der Schadenshandlung vertiefend am geschützten Rechtsgut bilden oder an anderen Rechtsgütern entstehen, unterschieden. Diese Vermögensfolgeschäden werden nur dann ersetzt, wenn es das Gesetz ausdrücklich vorsieht oder der Ersatz vom Schutzzweck der Norm erfasst wird.

Aufgabe 2.19:
A macht als Schaden entgangenen Gewinn und den Unfallschaden geltend. Der Gewinn infolge des nicht wahrgenommenen Geschäftstermins ist A nur entgangen, weil das Fahrzeug trotz Zusage nicht rechtzeitig repariert werden konnte. Da entgangener Gewinn nach § 252 BGB zu ersetzen ist, kann A diesen Betrag als Schadensersatz von W verlangen. Durch den Verkehrsunfall wurde zwar das Fahrzeug beschädigt und A wäre auch nicht in den Unfall verwickelt worden, wenn das Fahrzeug pünktlich repariert worden wäre. Dennoch kann W diesen Schaden nicht ersetzt verlangen, da er nicht mehr durch den Schutzzweck der Norm, die A nur vor fehlerhafter Leistung des W schützen will, gedeckt ist. Es fehlt am Zurechnungszusammenhang zwischen der verspäteten Reparatur und dem Verkehrsunfall.

Aufgabe 2.20:
Unzweifelhaft handelt es sich hier um einen Sachmangel, da das Mietshaus nicht die vereinbarte Beschaffenheit hat. Die Kosten für den Schadensausgleich von EUR 1.500,00 monatlich stellen aber einen Mangelfolgeschaden dar, der vom Schutzzweck der Norm nicht mehr gedeckt ist. Die durch den Mangel entstandenen Kosten sind kein adäquater Schaden (Adäquanztheorie).

Aufgabe 2.21:
Voraussetzung für einen Bereicherungsanspruch nach den §§ 812 ff. BGB ist zunächst, dass der Anspruchsgegner etwas, d.h. einen Vermögensvorteil, erlangt hat. Im Rahmen der Leistungskondiktion muss der Anspruchsgegner das Erlangte durch Leistung des Anspruchstellers ohne Rechtsgrund

bekommen haben. Der Leistungszweck wird von § 812 Abs. 1 Satz 1 1.Alt. BGB (Rechtsgrund fehlt von Anfang an), § 812 Abs. 1 Satz 2 1. Alt. BGB (Rechtsgrund fällt später weg), § 813 BGB (Verbindlichkeit ist einredebehaftet) und von § 817 Satz 1 BGB (es liegt eine gesetzes- oder sittenwidrige Verbindlichkeit vor) erfasst.

Soweit nicht in Erfüllung einer Verbindlichkeit geleistet wird, wird die rechtsgrundlose Bereicherung durch § 812 Abs. 1 Satz 2, 2. Alt. BGB (bezweckter sonstiger Erfolg ist nicht eingetreten) oder § 817 Satz 2 BGB (es liegt ein sonstiger sitten- oder gesetzeswidriger Zweck vor) geregelt. Bei diesen sog. Nichtleistungskondiktionen wird die Verfügung eines Nichtberechtigten (§ 816 Abs. 1 BGB), die Verfügung an einen Nichtberechtigten (§ 816 Abs. 2 BGB), die unentgeltliche Weitergabe des Empfängers der Bereicherung an einen Dritten (§ 822 BGB) und als Generalklausel der Erwerb in sonstiger Weise (§ 812 Abs. 1 Satz 1 2. Alt BGB) geregelt.

Rechtsfolge der Bereicherung ohne rechtlichen Grund ist in der Regel die Herausgabeverpflichtung des Erlangten an den Entreicherten. Bei Unmöglichkeit der Herausgabe ist Wertersatz zu leisten. Soweit der Bereicherte entreichert ist, sich der Bereicherungsgegenstand oder dessen Wert nicht mehr beim Bereicherten befindet, liegt ein Wegfall der Bereicherung vor. Darauf kann sich der Bereicherte nicht berufen, wenn er für die Bereicherung etwas anderes erlangt oder eigene Aufwendungen erspart hat, soweit nicht eine außergewöhnliche Vermögensverschiebung vorliegt, die der Bereicherte ohne die konkrete Bereicherung nicht getätigt hätte. Im Falle der Rückabwicklung gegenseitiger Verträge sind nach der sog. Saldotheorie gleichartige Bereicherungsansprüche zu saldieren und die begünstigte Partei kann den positiven Saldo heraus verlangen.

Aufgabe 2.22:

Es stellt sich die Frage, ob B vom Kaufpreis die Wertminderung für die beschädigte Maschine in Höhe von EUR 7.500,00 abziehen kann. Zu berücksichtigen ist, dass die von B verkaufte Maschine nur deshalb zerstört wurde, weil sie nicht die vereinbarte Beschaffenheit hatte. B hat Eigenschaften vorgespiegelt, die tatsächlich nicht vorhanden waren, so dass er auch das Risiko zu tragen hat, dass die Maschine bei ordnungsgemäßem Einsatz beschädigt wird. Um zu sachgerechten Ergebnissen zu gelangen, ist in einigen Fällen die Saldotheorie zu beschränken. Aufgrund der Risikoverteilung hat B daher den vollen Kaufpreis zu erstatten.

Aufgabe 2.23:
Im Rahmen von Leistungskondiktionen ist innerhalb der Vertragsbeziehungen rückabzuwickeln. Zudem kann jeder nur das zurückverlangen, was er auch geleistet hat. A und B können demnach die Herausgabe des verkauften Gegenstandes verlangen. C muss den Gegenstand an B zurückgeben und B muss ihn an A zurückgeben.

Aufgabe 3.1:
Gem. § 1 HGB ist Kaufmann i.S. des HGB, wer ein Handelsgewerbe betreibt.
Es gibt insbesondere fünf Arten des Kaufmanns:
1. Ist-Kaufmann gem. § 1 HGB,
2. Kann-Kaufmann gem. § 2 HGB
3. Sonderfall des Kann-Kaufmanns im Bereich der Land- und Forstwirtschaft gem. § 3 HGB
4. Kaufmann kraft Eintragung gem. § 5 HGB
5. Formkaufmann gem. § 6 HGB

Aufgabe 3.2:
Ein Handelsgewerbe ist jeder Gewerbebetrieb, es sei denn, dass das Unternehmen nach Art oder Umfang einen in kaufmännischer Weise eingerichteten Geschäftsbetrieb nicht erfordert.
Gewerbebetrieb bedeutet in diesem Zusammenhang, dass ein Gewerbe von einer Person betrieben wird.

Aufgabe 3.3:
Gewerbe ist nach herrschender Meinung jede
- äußerlich erkennbare
- selbstständige
- planmäßige auf gewisse Dauer
- zum Zwecke der Gewinnerzielung ausgeübte Tätigkeit, die nicht freier Beruf ist.

Aufgabe 3.4:
Kaufmann ist, wer ein Handelsgewerbe betreibt, also nach der Definition von Gewerbe jemand, der eine selbstständige Tätigkeit ausführt.
Die hierzu notwendige rechtliche Selbstständigkeit ist u.a. aus § 84 Abs. 1 Satz 2 HGB herzuleiten, wonach selbstständig ist, wer im wesentlichen frei seine Tätigkeit gestalten und seine Arbeitszeit bestimmen kann.
Diese Definition gilt auch für den freiberuflich Tätigen, da auch er seine Tätigkeit frei gestalten und seine Arbeitszeit frei bestimmen kann. Der freiberuflich Tätige übt jedoch aufgrund einer Ausnahmeposition der freien Berufe, die sich aus historischen und sozialen Gründen ergeben hat, kein Gewerbe aus. Die freien Berufe ergeben sich u.a. aus § 18 Abs. 1 EStG, i.d.R. fallen Berufe, die ein Hochschulstudium erfordern, unter die freien Berufe.
Rein von der Definition würden aber auch die Freiberuflicher die Kriterien des Gewerbes erfüllen, sie sind lediglich keine Gewerbetreibenden, weil sie hiervon ausdrücklich ausgenommen werden.

Aufgabe 3.5:
Die Handelsfirma (kurz Firma) ist der Name des Kaufmannes, unter dem er seine Geschäfte im Handelsverkehr betreibt und seine Unterschrift abgibt. Unter der Firma kann er auch klagen und verklagt werden. Die Firma führt der Kaufmann als Handelsnamen neben seinem bürgerlichen Namen. Die Firma ist nicht mit dem Kaufmann, sondern mit seinem Unternehmen verknüpft.
Grundsätzlich kann der persönliche Name aber mit der Firma identisch sein. Zu Berücksichtigen sind aber die z.T. zwingenden Rechtsformzusätze, wie z.B. eKfm., oHG, KG, GmbH, HG etc.
Peter Müller kann seine Firma ebenfalls Peter Müller nennen. Als Kaufmann, der ein Handelsgewerbe betreibt, ist er aber gem. § 19 Abs. 1 Nr. 1 HGB verpflichtet, den Zusatz „e.Kfm." zu verwenden.

Aufgabe 3.6:
Kaufmann K kann zu dem Handelsregister, das bei dem für den Sitz seines Geschäftspartners zuständigen Amtsgericht geführt wird, gehen und dort das Registerblatt und die dazugehörigen Akten einsehen. In dem Register selbst ist die Firma seines Geschäftspartners, wie auch eine etwaige erteilte

Prokura eingetragen. Aufgrund der Publizitätswirkung wirken die aus dem Register ersichtlichen Angaben sowohl für und gegen den Kaufmann, den der Eintrag betrifft.

In der zugehörigen Akte kann K z.B. ersehen, wann die Prokura bestellt und wann weitere anmeldepflichtige Tatsachen zum Handelsregister eingereicht wurde.

Aufgabe 3.7:
In das Handelsregister nicht eingetragene Tatsachen, die in Angelegenheiten dessen einzutragen sind, der sich sonst auf diese Tatsache berufen könnte, führen zu einer sog. Führungshemmung. Ein Dritter kann sich entweder auf § 15 Abs. 1 HGB berufen und eine falsch eingetragene Tatsache zu seinen Gunsten ausnutzen oder sich auf die tatsächliche Rechtslage berufen.

Aufgabe 4.1:
Da sich die beiden noch nicht sicher sind, ob ihre Gesellschaft langfristig bestehen wird, sollten sie eine einfache Gesellschaftsform wählen, die auch wenig Kosten verursacht. Hierzu bietet sich die BGB-Gesellschaft an. Die beiden Maurermeister können unter einer Firma tätig werden, ohne einen schriftlichen Gesellschaftsvertrag abschließen zu müssen. Notarielle Gründungsakte oder Eintragungen bei Registern sind nicht notwendig. Sollte das Vorhaben nicht den gewünschten Erfolg zeigen, können sie die Gesellschaft jederzeit auflösen und liquidieren und sich das Gesellschaftsvermögen aufteilen.

Aufgabe 4.2:
Gläubiger der Zahlungsansprüche ist die A und B Bauarbeiten aller Art GbR. Der Anspruch kann im Rahmen der Gesamthandsklage durch alle Gesellschafter geltend gemacht werden, aber auch von der Gesellschaft selbst, da sie nach h. M. parteifähig ist.

Aufgabe 4.3:
Bei den Sozialansprüchen handelt es sich um Ansprüche der Gesellschaft gegen einen einzelnen Gesellschafter (z.B. Erbringung seiner Anlage). Die nicht verpflichteten Gesellschafter müssen den verpflichteten Gesellschafter in Anspruch nehmen (ggf. durch gerichtliche Klage).

Individualansprüche sind Ansprüche zwischen den Gesellschaftern, z.B. bei Befriedigung einer Gesellschaftsschuld durch einen Gesellschafter aufgrund gesamtschuldnerischer Haftung und nachträglichen Begehrens dieses Gesellschafters, die anteiligen Beiträge der anderen Gesellschafter erstattet zu bekommen. Die Ansprüche sind von dem Anspruchsberechtigten Gesellschafter gegenüber den anderen unmittelbar geltend zu machen und ebenfalls gegen diese klageweise durchzusetzen.

Aufgabe 4.4:
Gegen den Plan des C spricht die zwar nicht kodifizierte, aber allgemein anerkannte Treuepflicht der Gesellschafter gegenüber der Gesellschaft und den anderen Gesellschaften. Die Eröffnung eines Konkurrenzbetriebes gefährdet den Zweck des ursprünglich von A und B gegründeten Baustoffhandels, es macht diesem zumindest starke Konkurrenz. Ausfluss der Treuepflicht ist das Wettbewerbs- und Konkurrenzverbot der Gesellschafter. Dieses Verbot gilt auch hinsichtlich mittelbarer Konkurrenz, wie sie B durch die Beteiligung an einer weiteren Gesellschaft dem A bzw. der mit A gegründeten Gesellschaft machen würde.
B müsste sich somit wegen einer Treuepflichtverletzung verantworten und würde sich dadurch schadenersatzpflichtig machen und evtl. den Ausschluss aus der Gesellschaft riskieren.

Aufgabe 4.5.:
Der Tod eines Gesellschafters führt zur Auflösung der Gesellschaft. Dies bedeutet, dass die verbleibenden Gesellschafter ihre Existenz verlieren und gezwungen sind, ihren Beruf im Rahmen einer neuen, neu zu gründenden Gesellschaft oder eines Einzelunternehmens auszuüben. Eine derartige Umstellung bringt i.d.R. erhebliche finanzielle und organisatorische Nachteile mit sich.
Zur Vermeidung derartiger Folgen ist Gesellschaftern einer BGB-Gesellschaft eine sog. Fortsetzungsklausel zu empfehlen, wonach die Gesellschaft von den verbleibenden Gesellschaftern fortgeführt werden kann und diesen das Recht eingeräumt wird, den Anteil des verstorbenen Gesellschafters gegen Abfindung der Erben zu übernehmen.

Aufgabe 4.6:
Im Außenverhältnis gegenüber Dritten haftet der ausscheidende Gesellschafter noch für einen Zeitraum von mindestens fünf Jahren, teilweise auch bis zu 30 Jahren für Verbindlichkeiten der Gesellschaft, die während seiner Mitgliedschaft in der Gesellschaft gegründet wurden.

Aufgabe 4.7:
Es muss ein Auflösungsgrund oder ein Beschluss über die Liquidation bzw. Auseinandersetzung gefasst werden, danach muss das Auseinandersetzungs- bzw. Liquidationsverfahren abgeschlossen sein, sodann ist die Gesellschaft beendet.

Aufgabe 4.8:
Wie bei allen Rechtsgeschäften, kann auch die Gesellschaft bürgerlichen Rechts ihre Haftung beschränken. Hierzu genügt aber nicht der Gesellschaftszusatz „mbH", es muss vielmehr gegenüber den Gesellschaftsgläubigern eine wirksame Haftungsbeschränkung vereinbart werden (vgl. Ziff. 4.2.1.1.12).

Aufgabe 4.9:
Die oHG betreibt Handelsgeschäfte. Daher ist jede BGB-Gesellschaft, die Handelsgeschäfte betreibt, eine oHG und damit i.d.R. im Handelsregister einzutragen.

Aufgabe 4.10:
Nein, im Handelsregister können nur Handelsgeschäften i.S.d. HGB eingetragen werden.

Aufgabe 4.11:
a) Die BGB-Gesellschaft wird von allen Gesellschaftern gemeinsam vertreten (Gesamtvertretung).
b) Bei Personengesellschaften sind immer die persönlich haftenden Gesellschafter vertretungsberechtigt, d.h. bei der oHG alle Gesellschafter einzeln.
c) Da bei der KG nur der Komplementär persönlich haftender Gesellschafter ist, ist er zur Vertretung der Gesellschaft berechtigt.

Aufgabe 4.12:
Hier bietet sich die Rechtsform der KG an. Die KG kann ein oder mehrere voll haftende Gesellschafter (Komplementäre) und einen oder mehrere beschränkt haftende Gesellschafter (Kommanditisten) haben. Durch die Begrenzung der Haftung eines Gesellschafters einer oHG entsteht automatisch eine KG.

Aufgabe 4.13:
Es handelt sich hierbei um eine Gesellschaftsform, in der die beteiligten Gesellschafter nach außen auftreten, obwohl die Gesellschaftsform in Wirklichkeit, z.B. mangels Eintragung im Handelsregister, nicht vorliegt.

Aufgabe 4.14:
Es handelt sich hierbei um die Durchsetzung von Ansprüchen der Gesellschaft gegen eine oder mehrere Gesellschafter, die von einem oder mehreren Gesellschaftern zugunsten der Gesellschaft durchgesetzt werden (können). Die Besonderheit der actio pro socio liegt darin, dass ein einzelner Gesellschafter einen Anspruch der Gesellschaft in eigenem Namen mit dem Klageantrag der Leistung an die Gesellschaft durchsetzen kann.

Aufgabe 4.15:
Die oHG ist als selbstständiges Rechtssubjekt Träger des Gesamthandsvermögens und damit Eigentümer aller zum Gesamthandsvermögen gehörenden Gegenstände und Rechte. Da der Pkw in das Gesellschaftsvermögen der oHG eingebracht wurde, steht der oHG auch der erzielte Kaufpreis für den Pkw zu.

Aufgabe 4.16:
Auf die festen Kapitalkonten werden die vereinbarten Einlagen der Gesellschafter verbucht. Aus ihnen ergibt sich das Beteiligungsverhältnis der Gesellschafter. Über die variablen Kapitalkonten werden die Gewinnanteile und Entnahmen gebucht.

Aufgabe 4.17:
Der ausscheidende Gesellschafter haftet im Rahmen einer fünfjährigen Ausschlussfrist gem. § 160 HGB nach.

Aufgabe 4.18:
Die oHG wird gelöscht, wenn das Liquidationsverfahren abgeschlossen ist und die Gesellschaft sodann beendet ist.

Aufgabe 4.19:
Vertreter der KG sind die persönlich haftenden Gesellschafter, d.h. die Komplementäre.

Aufgabe 4.20:
Die KG kann von beiden Kommanditisten die Zahlung von EUR 12.500,00 verlangen. A hat zwar seine gesamte Einlage geleistet. Da er aber EUR 12.500,00 entnommen hat, sein variables Kapitalkonto somit mit EUR 25.000,00 im Minus steht, ist er zum Ausgleich in Höhe dieses Betrages verpflichtet. B hat zwar keine Entnahmen getätigt, er hat aber seine Hafteinlage noch nicht vollständig geleistet. Auf Anforderung der Gesellschaft ist der Restbetrag i.H.v. EUR 12.500,00 von ihm zu bezahlen.

Aufgabe 4.21:
Die maßgeblichen Formen der Kapitalgesellschaften sind die GmbH und die AG. Beide entstehen durch Eintragung im Handelsregister. Ab dann sind sie auch rechtsfähig.

Aufgabe 4.22:
Das Mindeststammkapital der GmbH beträgt EUR 25.000,00 und das Mindestgrundkapital der AG EUR 50.000,00.

Aufgabe 4.23:
Die Bareinlage wird durch die Zahlung von Bargeld erbracht. Um eine Sacheinlage handelt es sich, wenn der Gesellschaft mobile oder immobile Gegenstände übereignet werden.
Sacheinlagen sind sowohl bei der GmbH als auch der AG sofort in voller Höhe zu leisten. Geldeinlagen sind in Höhe eines Viertels, mindestens jedoch i.H.v. EUR 12.500,00 bei der GmbH und i.H.v. EUR 25.000,00 bei der AG zu leisten.

Literaturempfehlungen

Baumbach, Adolf Hopt, Klaus J.	Handelsgesetzbuch 30. Aufl. 2000
Baumbach, Adolf Hueck, Götz	GmbH-Gesetz 16. Aufl. 1996
Canaris, Claus-Wilhelm	Handelsrecht 23. Aufl. 2000
Hueck, Götz Windbichler, Christine	Gesellschaftsrecht 20. Aufl. 2003
Ehmann/Sutschet	Modernisiertes Schuldrecht 2002
Larenz	Lehrbuch des Schuldrechts Band I, Allgemeiner Teil 14. Aufl. 1987
Larenz/Canaris	Lehrbuch des Schuldrechts Band II/1 Besonderer Teil 1. Halbband 13. Aufl. 1986
	Band II/2 Besonderer Teil 2. Halbband 13. Aufl. 1994
Larenz/Wolf	Allgemeiner Teil des Bürgerlichen Rechts 8. Aufl. 1997
Palandt	Bürgerliches Gesetzbuch, Kommentar 61, neubearbeitete Aufl. 2002
Schmidt, Karsten	Gesellschaftsrecht 3. Aufl. 1997
Schmidt, Karsten	Handelsrecht 4. Aufl., 1994
Scholz, Franz	GmbH-Gesetz Band I (§§ 1 – 44), 9. Aufl. 2000 Band II (§§ 45 – 85), 9. Aufl. 2002

Stichwortverzeichnis

Adäquanztheorie 30, 189
Aktiengesellschaft 149 ff.
Allgemeine Geschäftsbedingungen 10
Angebot 14
Annahme 14
Annahmeverzug 75
Anfechtung 9
Aufrechnung 22
Aufsichtsrat 145
Auslegungsmethoden 11 ff.

Bargründung 132
Beirat 140
Beitragszahlung 94, 128
Bereicherungsrecht 31
Beschlussfassung 97, 115, 129
BGB 4 ff.

Condicio sine qua non 30

Dienstvertrag 27

Erfüllung 20, 21, 26
Europäische Wirtschaftliche Interessenvereinigung 158

Fiktivkaufmann 46
Firma 48 ff.
Fixhandelskauf 77
Formkaufmann 47
Frachtgeschäft 82

Garantie 30
Genossenschaft 156
Gesamthandsklage 91
Gesamtrechtsordnung 1
Geschäftsfähigkeit 8
Geschäftsführer 89, 114 ff. 132 ff. 140 ff.

Gesellschaft bürgerlichen Rechts 87 ff.
Gesellschafter 158
Gesellschaftsvermögen 99, 117, 129
Gesellschafterversammlung 143
Gesellschaftsvertrag 159
Gesellschafterwechsel 100, 118, 165
Gesellschaft mit beschränkter Haftung 131 ff.
GmbHG 131 ff.
Grundbegriffe des BGB 4

Haftung 90, 107, 110, 125, 143, 151, 154, 160
Hafteinlage 129
Handelsbrauch 66
Handelsfirma 48
Handelsgeschäft 64, 73
Handelskauf 74
Handelsmakler 63 ff.
Handelsregister 38, 51 ff.
Handelsvertreter 61
Handlungsvollmacht 60 f.
HGB 43 ff.
Hauptversammlung 151
Hilfspersonen des Kaufmanns 61

Idealverein 156
Innengesellschaft 165
Istkaufmann 45

Juristische Person 130

Kannkaufmann 46
Kapitalgesellschaft 130
Kapitalerhaltungsgrundsatz 147
Kaufmann 46 ff.

199

Kaufmännisches Bestätigungsschreiben 67
Kausalität 30
Kaufvertrag 19
Kommanditgesellschaft 124
Kommanditgesellschaft auf Aktien 152
Kommissionsagent 61
Kommissionsgeschäft 79
Kontokorrent 69

Ladenangestellte 61
Lagergeschäft 81
Leistungskondiktion 189
Leistungsstörungen 25
Leistungszeit 73

Minderkaufmann 47
Minderung 24
Mitverschulden 31
Mitverwaltungsrechte 93

Nebenpflichten 18
Negative Publizität des Handelsregisters 55
Nichtwirtschaftlicher Verein 153
Nichtrechtsfähiger Verein 155

Offene Handelsgesellschaft 104
Organe der Gesellschaft und des Vereins 140, 150 ff., 154

Partnerschaftsgesellschaft 163
Personengesellschaft 87
Privatautonomie 2, 9
Prokura 58
Publizitätswirkung 58

Rechtsfähigkeit 8
Rechtsgeschäft 7, 9
Rechtsquellen 2
Rechtsschein 57

Rücktritt 24, 77

Rügepflicht 78

Sachgründung 133, 146
Sachmängelhaftung 23
Schadensbegriff 27
Schadensersatz 27, 76
Schadensberechnung 30
Scheinkaufmann 46, 56
Sorgfalt des ordentlich handelnden Kaufmanns 72
Speditionsgeschäft 81
Spezifikationskauf 76
Stammkapital 132 ff., 138, 146
Stille Gesellschaft 166

Tausch 21, 74, 79
Treuepflicht 94, 111

Ungerechtfertigte Bereicherung 174

Verein 153
Verfügungsgeschäft 7
Verpflichtungsgeschäft 7
Verschulden 30
Vertragshändler 63
Vertreter 89, 124
Vertretung 17, 58, 88, 105, 124, 160
Vertragsabschluss 14
Vertrauensschaden 29
Vorgründungsgesellschaft 132

Werkvertrag 25
Wettbewerbsverbot 111
Willenserklärung 6
Willensmängel 9
Wirtschaftlicher Verein 154

Zurückbehaltungsrecht 71

Mit einem Klick alles im Blick

- Tagesaktuelle Informationen zu Büchern, Zeitschriften, Online-Angeboten, Seminaren und Konferenzen

- Leseproben - z. B. vom Gabler Wirtschaftslexikon -, Online-Archive unserer Fachzeitschriften, Aktualisierungsservice und Foliensammlungen für ausgewählte Buchtitel, Rezensionen, Newsletter zu verschiedenen Themen und weitere attraktive Angebote, z. B. unser Bookshop

- Zahlreiche Servicefunktionen mit dem direkten Klick zum Ansprechpartner im Verlag

- *Klicken Sie mal rein: www.gabler.de*

Abraham-Lincoln-Str. 46
65189 Wiesbaden
Fax: 06 11.78 78-400

KOMPETENZ IN
SACHEN WIRTSCHAFT

Gabler Wirtschaftslexikon

Das Kompetenzpaket
Die ganze Welt der Wirtschaft

Zu den Themenbereichen Betriebswirtschaft, Volkswirtschaft, Recht und Steuern lässt das Gabler Wirtschaftslexikon keine Fragen offen. Mit mehr als 25.000 Stichwörtern informiert das Lexikon kompetent und zuverlässig. Zahlreiche Schwerpunktbeiträge ergänzen die Erläuterungen und geben einen Überblick über die aktuellen Themen in der Wirtschaftswissenschaft und -praxis.

Aus dem Inhalt:
Das Gabler Wirtschaftslexikon zeichnet die Entwicklungen, die seit der letzten Auflage stattgefunden haben, in bewährter Weise nach. Aktuell und zuverlässig bildet es das relevante Wirtschaftswissen ab und bietet kompetente Informationen zu Themen wie Markt- und Kundenorientierung, Markenführung, Direct Marketing, Vertriebsmanagement, Global Trade, Corporate Finance, Basel II, Corporate Governance, Rechnungslegung nach IAS/IFRS, Informations-, Medien- und Wissensmanagement, Forschungs- und Innovationspolitik, Kapitalmarktrecht, Arbeits- und Sozialrecht, Energie- und Umweltrecht und vieles mehr.

Die Taschenbuchausgabe des Gabler Wirtschaftslexikon überzeugt durch ein praktisches und attraktives Format und durch einen günstigen Preis; sie ist inhaltsgleich mit der Standardausgabe.

Die Autoren:
Dieses Standardwerk für die Wissenschaft und Praxis vereint das Wissen von mehr als 150 Autoren – ausgewiesenen Experten auf ihrem Fachgebiet.

Zielgruppe:
- Studenten der Wirtschaftswissenschaften an Universitäten und Fachhochschulen
- Dozenten der Wirtschaftswissenschaften an Universitäten und Fachhochschulen
- Fach- und Führungskräfte in Unternehmen

Gabler Wirtschaftslexikon
Betriebswirtschaft, Volkswirtschaft, Recht und Steuern
16., vollst. überarb. und akt. Aufl.
2004. 3478 S. Geb.
EUR 179,00
ISBN 3-409-12993-6

Taschenbuch-Ausgabe
2005. 3848 S. Br.
EUR 89,00
ISBN 3-409-10386-4

Elektronische Ausgabe
Tel. 0 89.7 26 54 10
www.babylon.com

Änderungen vorbehalten. Stand: Juli 2005.

Gabler Verlag · Abraham-Lincoln-Str. 46 · 65189 Wiesbaden · www.gabler.de

MIX
Papier aus verantwortungsvollen Quellen
Paper from responsible sources
FSC® C105338

If you have any concerns about our products,
you can contact us on
ProductSafety@springernature.com

In case Publisher is established outside the EU,
the EU authorized representative is:
**Springer Nature Customer Service Center GmbH
Europaplatz 3, 69115 Heidelberg, Germany**

Printed by Libri Plureos GmbH
in Hamburg, Germany